QUESTIONS

DE

CHASSE

RÉSOLUES D'APRÈS LES DÉCISIONS LES PLUS RÉCENTES
DES COURS ET TRIBUNAUX

PAR

JULES LECLERC (DE FOUROLLES)

AVOCAT, JUGE-SUPPLÉANT,
ANCIEN ATTACHÉ AU PARQUET DU PROCUREUR GÉNÉRAL A PARIS.

PRIX : 2 FR.

CHALONS-SUR-MARNE
IMPRIMERIE MARTIN FRÈRES, PLACE DU MARCHÉ-AU-BLÉ, 50.

1885

QUESTIONS DE CHASSE

QUESTIONS

DE

CHASSE

RÉSOLUES D'APRÈS LES DÉCISIONS LES PLUS RÉCENTES
DES COURS ET TRIBUNAUX

PAR

JULES LECLERC (DE FOUROLLES)

AVOCAT, JUGE-SUPPLÉANT,
ANCIEN ATTACHÉ AU PARQUET DU PROCUREUR GÉNÉRAL A PARIS.

PRIX : 2 FR.

CHALONS-SUR-MARNE
IMPRIMERIE MARTIN FRÈRES, PLACE DU MARCHÉ-AU-BLÉ, 50.

1885

PRÉFACE

La chasse est fermée ; que faire? Causons chasse. Le temps passera plus vite et l'ouverture viendra plus tôt.

A propos de chasse que de questions délicates à résoudre ! que de procès à éviter !

Ami lecteur, c'est un avocat qui vous parle, et comme autrefois Cicéron, le bon augure, il ne peut s'empêcher de rire chaque fois qu'il voit entrer dans son cabinet un chasseur en détresse.

Et cependant ce n'est pas la faute du chasseur ; j'ai cherché à le démontrer bien des fois et j'y ai souvent réussi ; c'est la faute de la loi de 1844 qui est devenue insuffisante et qu'il importe de réformer (1). Mais les réformes sont

(1) Voyez *Chasseurs et Braconniers.* — Société centrale des Chasseurs, mémoire de l'auteur, couronné au concours de 1883.

lentes à venir, et en attendant qu'elles viennent il y aura encore assez de procès de chasse pour endormir tous les juges de France et de Navarre et aiguiser les langues des avocats même les plus fourbus.

Il faut l'avouer, la chasse est une des distractions les plus utiles à l'homme, mais elle est aussi une source de procès, et la Jurisprudence des Cours et Tribunaux subit des variations si singulières qu'il est presque impossible à un chasseur vraiment digne de ce nom d'éviter un procès au moins une fois dans sa vie.

Je n'ai pas la prétention de les lui éviter, un procès de chasse de temps en temps pour un chasseur est chose utile ; il lui rappelle l'étendue de ses droits, mais aussi l'importance de ses devoirs ; il l'oblige à se souvenir de cette maxime que le chasseur, sans le vouloir et même sans le savoir, est tenté d'oublier :

Fouler l'herbe d'autrui ! quel crime abominable !

Il le ramène enfin au sentiment de la réalité de la vie pratique, que la poursuite inconsidérée d'un lièvre ou d'un sanglier aux abois peut lui faire perdre de vue.

Quand le chasseur est dans son tort, il transige, il paie largement et il a raison; mieux vaut une bonne action qu'un mauvais procès.

Mais quand le chasseur a raison, il plaide, et entre nous je crois que le chasseur a toujours raison et que ceux qui le condamnent ont tort et n'y connaissent rien.

Mais il est condamné; ce qui est désagréable, d'autant plus que la condamnation qui le frappe ne lui prouve pas qu'il a tort, au contraire, et qu'il reste convaincu que les juges se sont trompés.

Justice! que d'erreurs on commet en ton nom!

Pour obvier à ces nombreux procès, à ces causes d'erreur si fréquentes sur les droits respectifs de chacun, il m'a paru intéressant de soulever au profit du chasseur un coin du voile épais qui couvre la chicane et de publier, sur les questions les plus fréquemment soumises à l'appréciation des Tribunaux, l'état de la jurisprudence depuis 1880

Ce petit volume n'est pas un ouvrage; c'est un recueil où l'auteur a condensé, en y joignant ses observations personnelles, les décisions les plus intéressantes. Puisse-t-il avoir autant de lecteurs qu'il y a de procès? Je le lui souhaite sans y compter beaucoup.

QUESTIONS

DE CHASSE

RÉSOLUES D'APRÈS LES DÉCISIONS
LES PLUS RÉCENTES DES COURS ET TRIBUNAUX.

DES PROCÈS-VERBAUX

Les procès-verbaux, en matière de chasse, ont une importance sur laquelle on ne saurait trop appeler l'attention de ceux qu'ils intéressent. La jurisprudence, par un arrêt récent, indique bien quelle importance elle y attache, puisque, d'après cet arrêt, les faits qui sont consignés dans un procès-verbal font foi jusqu'à preuve contraire à l'encontre des dénégations du prévenu. Ainsi la Cour de Nîmes a jugé qu'en matière de délit de chasse, les juges ne peuvent méconnaître les faits matériels constatés dans un procès-verbal des gendarmes, en s'appuyant seulement sur la dénégation du prévenu (1).

Les procès-verbaux sont donc la base de la poursuite et de la répression ; de leur rédaction

(1) Nimes, 20 janvier 1880; Sirey, 1880, 2ᵉ part., p. 109; *adde* Lyon, 15 mars 1882; Dalloz, 1884, 5ᵉ part., p. 59.— En ce sens Cass. 4 janvier 1878; Sirey, 178, 1. 190; *Adde* MM. Giraudeau et Lelièvre, *la Chasse*, nᵒ 844; de Neyremand, *Questions sur la chasse*, p. 420; Leblond, *Code de la chasse*, nᵒ 311.

dépend quelquefois le jugement rendu. Un garde, quelque actif et vigilant soit-il, n'est pas un bon garde s'il ne sait rédiger un procès-verbal, et par là je n'entends pas dire qu'il doit faire une page de style ou de calligraphie; je l'autorise à le mal écrire, à l'écrire en patois s'il ne peut faire autrement, pourvu qu'il y déclare ce qui doit y être inséré; tout ce qui doit y être, tout, et rien au-delà.

Il est inutile, je pense, de donner un modèle de procès-verbal; on le trouvera dans tous les manuels de procédure; mais il importe de préciser, en quelques lignes, ce qu'est, en matière de chasse, un procès-verbal et ce qu'il doit contenir.

Les procès-verbaux sont des actes par lesquels les gardes rendent témoignage des faits qui se sont accomplis en leur présence. Ils ont pour but de faire preuve. Ils ne sont pas un élément nécessaire de la poursuite, mais ils la rendent plus facile en constatant les faits délictueux et en rapportant, autant que possible, le corps du délit.

« Art. 154, Code d'instruction criminelle.— Les contraventions seront prouvées soit par procès-verbaux ou rapports, soit par témoins à défauts de rapports et procès-verbaux, ou à leur appui. »

Et l'art. 189 du même Code étend cette disposition aux délits.

Les procès-verbaux doivent être rédigés immédiatement. Les agents déclarent ce qu'ils ont vu; ils attestent les faits qu'ils ont reconnus et vérifiés avec toutes leurs circonstances. Ils doivent être dressés et affirmés dans les vingt-quatre heures devant le juge de paix ou son suppléant, le maire ou l'adjoint de la commune ou de la résidence du garde ou de celle où le délit a été commis. (Art. 24 de la loi du 3 mai 1844).

Tout procès-verbal doit, en général, être entièrement écrit de la main du garde qui l'a dressé. (Art. 78, Code d'inst. crim.)

Aucun interligne ne pourra être fait ; les ratures et renvois seront approuvés et signés par le rédacteur.

Enonciations.— Il énoncera les noms, qualités et demeure du garde ; le titre de sa fonction ; le lieu dans lequel il exerce.

Circonstances.— Le lieu où il se trouve ; les faits qu'il a vus ; les paroles entendues ; les faits qui auraient été racontés ; les vérifications ; leur résultat ; les actes accomplis.

C'est, en un mot, un récit clair et précis de tous les faits.

Il désignera, aussi exactement que possible, les délinquants par leurs noms, prenoms, qualités et demeure. Il relatera exactement la nature et la quantité des objets saisis.

Il sera signé du garde rédacteur et mentionnera la date et l'heure de la clôture. Les vingt-quatre heures pour l'affirmation devant le juge de paix courent du moment de la clôture.

Il devra enfin être enregistré dans les quatre jours (1).

Telles sont les conditions que doit remplir un procès-verbal pour être conforme au vœu de la loi et servir de base à une poursuite judiciaire. Elles sont très nettes, très précises, et cependant nous allons voir combien leur inobservation est fréquente et quelle sanction sévère la jurisprudence y a attachée.

Affirmation. Délai.— Le cas de nullité le plus fréquent des procès-verbaux et consacré d'une façon constante par la jurisprudence, est le défaut d'affirmation dans les vingt-quatre heures.

Sur ce point la jurisprudence paraît très nettement acquise ; faute d'affirmation dans les vingt-quatre heures du délit, et hors le cas d'empêchement par force majeure, le procès-verbal est nul et le tribunal ne peut prononcer une condamnation en s'appuyant sur les constatations qu'il renferme. La Cour de Cassation déclare judicieusement qu'on ne peut déterminer la part d'influence qu'a exercée sur la conviction des juges un procès-verbal irrégulier, et elle annule un jugement qui motive une condamnation sur un procès-verbal nul, alors même que ce procès-verbal serait confirmé par des dépositions orales.

Il est bien évident, en effet, qu'on ne peut as-

(1] V. Faustin Hélie.

seoir une condamnation pénale sur un acte dont la loi reconnaît la nullité, et accorder à cet acte le caractère d'une preuve légale lorsque les conditions exigées pour qu'il ait ce caractère n'existent pas.

C'est là un point de droit qui paraît acquis et ne semble plus devoir être discuté en présence des décisions que nous allons rapporter. Ces décisions nettes, précises et concordantes fixent la jurisprudence d'une façon très judicieuse, et nous croyons pouvoir la considérer comme définitive.

Nous pensons, toutefois, que dans le cas où les témoignages oraux font impression sur les juges de première instance, il est habile de réserver le moyen tiré de la nullité pour un recours en Cassation ; il serait imprudent de révéler à l'audience ce moyen que l'adversaire s'empresserait de paralyser par les déclarations orales des témoins.

Arrêts.

Le procès-verbal constatant un délit de chasse est nul s'il n'a été affirmé qu'après les vingt-quatre heures qui ont suivi le délit, alors qu'il ne constate aucun cas de force majeure qui ait empêché de l'affirmer dans le délai légal.

Cass., 31 juillet 1880.

En conséquence, le tribunal ne peut prononcer une condamnation pour délit de chasse, en s'appuyant sur les constatations de ce procès-verbal, en même temps que sur le débat oral ; la part d'influence de ce procès-verbal irrégulier et nul sur la conviction des juges no pouvant alors être exactement déterminée.

Ibid., Sirey, 1881, 1re part., p. 331.

Les procès-verbaux des gardes-champêtres en matière de chasse doivent être affirmés dans les vingt-quatre heures du délit, à peine de nullité. Un procès-verbal, dressé le 16 pour constater un délit de chasse commis le même jour à trois heures, est donc nul s'il est affirmé le lendemain, 17, à sept heures du soir.

Cass., 25 nov. 1882. Sirey, 1883, 1. 141.

Et la nullité résultant de ce que le procès-verbal n'a pas été affirmé dans les vingt-quatre heures est une nullité d'ordre public, qui peut être invoquée en tout état de cause, même devant la Cour de Cassation, quoiqu'elle n'ait été proposée ni en première instance, ni en appel.

Jurisprudence constante.
Cass., 27 février 1879. Sirey, 1879, 1. 140.

Enregistrement. — Si le défaut d'affirmation du procès-verbal dans les vingt-quatre heures est une nullité d'ordre public, il n'en est pas de même du défaut d'enregistrement dans les quatre jours ; en effet, bien que l'article 34 de la loi du 22 frimaire an VII dispose que les procès-verbaux doivent être enregistrés dans le délai de quatre jours, à peine de nullité, l'article 67 de la même loi conserve toute leur force aux procès-verbaux qui intéressent la vindicte publique et qui font foi jusqu'à la preuve contraire. Il est de jurisprudence que le défaut d'enregistrement ne rend point nuls les procès-verbaux constatant les délits et contraventions, et c'est en ce sens que la Cour d'Amiens a pu se prononcer en décidant que le procès-verbal d'un délit de chasse n'est pas nul pour n'avoir pas été enregistré dans les quatre jours.

Amiens, 18 mars 1882. Sirey, 2, 236.

Voyez Table gén. Devill. et Gilb. v°. Procès-verbal, et s. *adde* Cass., 20 avril 1865. — Sirey, 1866, 1re part., p. 177.— MM. Giraudeau, Lelièvre et Soudée. *La Chasse*, 2e édit., n° 992.

BAUX DE CHASSE

LOCATION

TERRAINS ENSEMENCÉS.

BAUX DE CHASSE.

LOCATION.

Un point qui a donné lieu fréquemment à des discussions et à des décisions judiciaires est de savoir si le propriétaire qui loue la chasse de ses propriétés peut être poursuivi pour délit de chasse, s'il se permet d'y chasser.

De prime abord, la question paraît bizarre, car elle choque le bon sens et l'équité. Comment? Un propriétaire me loue le droit de chasse sur ses propriétés, fort cher apparemment, le plus cher qu'il peut. Je n'insère pas dans l'acte de location que mon droit de chasse sera exclusif. A quoi bon? Puisque le propriétaire me concède le droit de chasse et que je le lui paie, c'est que j'ai le droit et l'intention d'en user. Lorsqu'un propriétaire me loue sa maison, je ne fais pas insérer dans l'acte de bail qu'il aura le droit de cohabiter avec moi. Ce serait de l'enfantillage. Eh bien, la jurisprudence décide, avec un ensemble étonnant, que si ce propriétaire malhonnête et de mauvaise foi, après avoir encaissé le prix de ma location, vient chasser non plus chez lui, mais chez moi, et tuer le gibier qu'il m'a bien réellement vendu, je n'aurai pas le droit de lui faire un procès.

Voici des arrêts qui consacrent cette jurisprudence :

Le propriétaire qui chasse sur le terrain dont il a loué la chasse ne commet pas un délit et n'est passible que de dommages-intérêts.

7 mai 1881, C. de Rouen. Dalloz, 1883, 5e p., § 63.
Dalloz, *Chasse*, nos 58 et 83.

L'article 11 de la loi du 3 mai 1844, qui punit le fait de chasser sur le terrain d'autrui sans le consentement du propriétaire, ne s'applique pas au propriétaire qui, après avoir cédé le droit de chasse sur ses propriétés, vient ensuite y chasser.

Un pareil fait ne peut donner lieu qu'à une action en dommages-intérêts, laquelle ne saurait, en l'absence de tout délit, être poursuivie devant la juridiction correctionnelle.

Cour de Paris, 12 février 1884.
Sirey, 1884, 1re p., p. 95.

Ces décisions de la jurisprudence sont appuyées de l'opinion d'auteurs considérables : Rogron, *C. de la Chasse*, p. 34 ; Giraudeau et Lelièvre, *la Chasse*, p. 663, et Championnière, *Manuel du Chasseur*, p. 13.

Nous ne pouvons, quant à nous, accepter cette jurisprudence, et nous la combattons énergiquement par les motifs suivants :

Il est constant que le droit de chasse peut être séparé de la propriété, soit au profit d'un cessionnaire, soit au profit d'un usufruitier, et qu'alors le propriétaire cédant se dépouille de ce droit. Comment concevoir alors qu'il puisse cependant l'exercer sans encourir aucune peine? La loi ne frappe-t-elle pas des peines du vol ou de l'abus de confiance le propriétaire d'objets saisis ou donnés en gage, qui détourne ou détruit quelqu'un de ces objets? Or, quelle différence, au point de vue moral, peut-on établir entre le propriétaire qui récolterait les fruits des arbres qu'il a loués ou donnés en gage, et celui qui continuerait à exercer un droit qu'il a aliéné?

Sans doute il n'y a pas à établir de comparaison complète entre la propriété d'un terrain ou d'un objet mobilier, et le droit de chasse; sans doute, le propriétaire du terrain ne l'est pas du gibier qui peut s'y rencontrer, et, dès lors, la destruction du gibier ne peut être assimilée à la perception illicite de fruits cédés, saisis ou engagés. Mais, en réalité, le propriétaire auquel le droit de chasse a été enlevé ou qui s'en est dessaisi temporairement, devient, au regard de celui à qui la chasse a été transmise, un véritable tiers; d'où cette conclusion que si l'entreprise des tiers est illicite, l'entreprise du propriétaire ne le sera pas moins; que l'une et l'autre sont de même nature et doivent entraîner les mêmes résultats, à moins de disposition contraire. Or, cette disposition contraire ne se rencontre point dans l'article 11 de la loi de 1844.

Les motifs invoqués par l'arrêt de la Cour de Paris, du 12 février 1884, sont que les peines étant de droit étroit, on ne peut, en matière pénale, qualifier un fait délit qu'autant qu'il est expressément prévu par la loi ; or, le législateur de 1844 ayant employé les termes *terrain d'autrui*, le propriétaire qui chasse sur un terrain dont il a conservé la propriété ne peut être considéré comme chassant sur le terrain d'autrui.

Cette argumentation est trop subtile, à notre sens, et peut être réfutée. La loi de 1844 est une loi spéciale dont les expressions doivent être interprétées *secundùm subjectam materiam ;* lors donc qu'elle parle du propriétaire, cela doit s'entendre du propriétaire investi du droit de chasse. Ce qui le prouve, c'est que le même article autorise à chasser sur le terrain d'autrui celui qui a obtenu le consentement du propriétaire (1). Dira-t-on que le propriétaire, même dessaisi du droit de chasse, pourra, par son consentement, couvrir les faits de chasse des tiers ? Ne serait-ce pas donner au propriétaire de mauvaise foi la faculté de paralyser aux mains du concessionnaire l'effet de la cession, en prodiguant les permissions de chasse ? La jurisprudence ne l'a pas pensé.

Nous estimons donc, contrairement aux décisions récentes de la jurisprudence et avec l'avis

(1) Ici, évidemment, le mot terrain d'autrui s'applique à l'encontre du propriétaire.

éclairé de nombreux auteurs : MM. Camusat-Busseroles, *Code de la chasse*, p. 41 et suiv.; Berriat Saint-Prix, *Législ. de la chasse*, p. 129 ; Gillon et Villepin, *C. des chasses*, n° 266, que le propriétaire qui chasse sur le terrain qu'il a cédé chasse sur le terrain d'autrui et commet un véritable délit de chasse.

Il est bien évident que le droit à l'action civile du cessionnaire contre le propriétaire est incontestable ; il est admis par tous les auteurs, et les arrêts que nous avons cités ne le repoussent pas. Mais l'action civile en matière de chasse est, la plupart du temps, illusoire, et le législateur paraît l'avoir bien compris en mettant aux mains de la partie lésée une action en répression à la fois plus prompte et plus efficace.

Dalloz, en rapportant l'arrêt précité du 12 février 1884 (voyez *Recueil pér.*, 5e part., p. 57), fait observer que la question demeure très controversée en doctrine et en jurisprudence, de savoir si le propriétaire qui chasse sur son terrain, après en avoir loué la chasse sans réserve à son profit, commet le délit de chasse prévu et puni par les articles 1 et 2 de la loi du 3 mai 1844, ou s'il se rend seulement passible de dommages-intérêts.

Pour échapper aux interprétations et aux discussions judiciaires, nous conseillons aux locataires du droit de chasse, lorsqu'ils traitent avec des propriétaires dont la probité peut leur être suspecte, de stipuler dans leur bail leur droit exclusif de chasse et d'insérer une clause pénale qui, aux termes des articles 1226 et suivants du Code civil, déterminerait par avance et à titre de forfait la quotité des dommages-intérêts dus par le propriétaire au cas où il serait tenté de méconnaître ses engagements. Une pareille stipulation avec clause pénale considérable éloignerait toute difficulté, et le preneur pourrait, en toute sécurité de fait et de droit, se croire chez lui et dire au bailleur : « La chasse est bien à moi, c'est à vous d'en sortir. »

TERRAINS ENSEMENCÉS.

A cette étude des questions auxquelles peuvent donner lieu les locations de chasse, se rattache celle de savoir si le propriétaire d'un bien rural, qui le donne à ferme en se réservant le droit de chasse, conserve le droit de chasse ou de passage sur les terrains soit préparés ou ensemencés, soit couverts de récoltes.

La jurisprudence lui refuse ce droit et décide que, s'il passe en action de chasse sur des terrains de cette nature, sans le consentement du fermier, il commet la contravention de simple police prévue par l'article 471 § 13 ou 475 § 9 du Code pénal.

Les motifs juridiques de cette décision sont les suivants : Le droit de passage sur les champs préparés ou ensemencés n'est pas une conséquence nécessaire du droit de chasse, et, dès lors, le propriétaire d'un bien rural par lui affermé ne peut user de ce droit de passage malgré le fermier, à moins qu'il n'ait stipulé ce droit dans le bail ; il est présumé, au contraire, en affermant l'exploitation de sa propriété, avoir, par cela même, aliéné, à partir de l'entrée en jouissance du fermier, le droit de passage sur les terres ensemencées ou chargées de récoltes. L'immunité accordée au propriétaire par les articles 471 § 13 et 475 § 9 ne vise que le propriétaire qui a conservé à la fois la propriété du terrain et celle de la récolte.

Le propriétaire qui s'est borné à stipuler à son profit la réserve du droit de chasse s'expose donc, s'il traverse les luzernes ou les terrains ensemencés de son fermier, à une poursuite en simple police pour contravention, et nous ne saurions trop engager les propriétaires qui ont à redouter les exigences de leurs fermiers à se mettre en garde contre leurs prétentions, en se réservant à la fois le droit de chasse et le droit de passage sur les terres ensemencées ou chargées de récoltes.

On peut consulter utilement sur cette question : Jug. trib. correct. de Pontoise, du 23 nov. 1880. — Arrêts de Cass. du 2 avril 1881 (Dalloz, 1881, 1re part., p. 279), et du 9 mai 1834. (Dalloz, 1884, 5e part., p. 321. — Sirey, 1882, 1re partie, p. 331.)

Le propriétaire qui afferme l'exploitation d'un bien rural aliène, par cela même et à défaut de stipulation contraire, le droit de passer sur les terrains ensemencés et chargés de récoltes, et il ne peut dès lors, en louant plus tard la chasse à un tiers, transmettre à ce dernier le droit de passer sur les terrains dont il s'agit. — En conséquence, le locataire de la chasse qui passe sur ces terrains commet la contravention prévue par les articles 471, n° 13, et 475, n° 9, du Code pénal ; l'immunité accordée au propriétaire par ces articles vise uniquement le propriétaire qui a conservé à la fois la propriété du terrain et celle de la récolte.

Cass., 2 avril 1881.
Sirey, 1882, 1re part., p. 331.

Le propriétaire d'un bien rural, qui le donne à ferme en se réservant le droit de chasse, ne conserve pas, à moins de stipulation expresse, le droit de chasse ni de passage sur les terrains soit préparés ou ensemencés, soit couverts de récoltes.

Dès lors, s'il passe en action de chasse sur des terrains de cette nature, sans le consentement du fermier, il commet la contravention de police prévue par l'article 471 § 13 ou 475 § 9 du Code pénal.

C. de Paris, 9 mai 1884.
Dalloz, 5e p., p. 53.

GIBIER

OCCUPATION. — SAISIE.

TRANSPORT. — COLPORTAGE

GIBIER VIVANT.

GIBIER.

OCCUPATION

Les procès-verbaux ont pour but et pour résultat d'appréhender le braconnier ; la chasse a pour objet la capture du gibier. Entre chasseurs, cette question si délicate, si complexe, de la propriété du gibier ne devrait pas se poser, et nous pensons, quant à nous, que le gibier mort n'a plus de maître ; mais combien de gens ne le pensent pas ainsi ! L'occupation du gibier a donné lieu, par la jurisprudence, à l'application de principes juridiques qu'il est bon de résumer rapidement, avant d'examiner les arrêts d'espèces.

Le gibier est *res nullius*, il n'appartient à personne ; il devient donc la propriété du premier occupant. Mais comment et à quel moment se réalise l'occupation ? Il y a là de sérieuses difficultés.

Quelques auteurs font résulter l'occupation de la simple poursuite du gibier, et ils estiment que le gibier poursuivi par les chiens d'un chasseur est déjà la propriété de ce chasseur. On est propriétaire, disait le jurisconsulte Trébatius, de l'animal qu'on poursuit, pourvu qu'il soit en vue ;

le fait de la poursuite constitue la *custodia* ou possession fictive ; seulement la propriété du poursuivant cesse s'il abandonne la poursuite.

Pothier (*de la Propriété*, n° 26) dit que ce sentiment est approuvé dans l'usage, et il ajoute qu'il est plus civil que l'opinion contraire. Dans le droit moderne, la même doctrine a été consacrée par plusieurs décisions judiciaires et adoptée par des auteurs considérables.

Du Droit de suite, par **M.** Sorel, p. 143. — Villequez, *Droit du chasseur sur le gibier*, p. 125. — Giraudeau et Lelièvre, *Chasse*, n°s 1035-1048. — La Vallée, *Chasse à courre*, p. 15 et 16.

Les conséquences de cette doctrine qui, par la poursuite, reconnaît au chasseur une prise de possession, sont d'engendrer à son profit une sorte de droit conditionnel appelé *droit de suite.* Le droit de propriété se développe pour lui au fur et à mesure que le gibier est plus près de succomber ; mais au moment où la poursuite commence, le droit naît ; aléatoire et conditionnel, il n'en est pas moins opposable aux tiers qui ne peuvent enlever au premier chasseur le droit qu'il tient de la poursuite. Tirer et tuer le gibier devant les chiens d'un autre c'est, comme le dit Pothier, agir de façon peu civile. C'est, en outre, illégal, décident les partisans de cette première doctrine, et la bête tuée appartient, d'après eux, au premier chasseur qui peut en demander la restitution ou la valeur, quand la restitution n'est plus possible.

Une seconde opinion, à savoir que l'occupation n'est pas suffisamment réalisée par la simple poursuite, se justifie par des considérations décisives dont voici les principales :

Le gibier est *res nullius;* on n'en devient propriétaire que par l'occupation ; or, l'occupation suppose la possession. Posséder une chose c'est la tenir en son pouvoir, sinon d'une façon matérielle, au moins de manière à ce qu'elle ne puisse échapper. Or, un chasseur dont la meute poursuit le gibier le possède-t-il ? Evidemment non. Rien n'est plus aléatoire que cette poursuite ; et une série d'accidents peuvent à chaque pas empêcher la capture. L'occupation n'est donc pas réalisée par la simple poursuite, et le gibier ne devient la propriété du chasseur que lorsqu'il est en son pouvoir.

V. Cass., 29 avril 1862, S. 1863, 1. 237. — Duranton, t. IV, n° 278. — Aubry et Rau, t. II, p. 236 et 237. — De Neyremand, *Quest. sur la Chasse*, p. 3. — Leblond, *Code de la Chasse*, n°s 228 et 229.

D'où la conséquence peu civile, comme l'a dit Pothier, qu'un gibier poursuivi par les chiens d'un chasseur, ne lui appartenant pas encore, peut être tiré et tué par un autre chasseur qui en devient ainsi légalement propriétaire.

A quel système de droit se rallier et auquel donner la préférence? Le premier est plus civil, le second plus juridique. En principe, ne tirez jamais sur le gibier lancé ou poursuivi par les chiens d'autrui. Ce procédé est celui d'un galant homme, et vous l'êtes, ami lecteur ; mais, si l'on tire devant vos chiens, aurez-vous le droit de vous en plaindre et de porter vos doléances devant les juges ?

Les deux systèmes doivent être combinés, et, pour arriver, sur ce point délicat, à un criterium de certitude absolue, je vous proposerai une distinction.

Pour qu'un chasseur soit censé s'être emparé de l'animal, il n'est pas nécessaire qu'il ait mis la main dessus ; il suffit que, de quelque façon que ce soit, l'animal soit en son pouvoir de manière à ce qu'il ne puisse s'échapper. C'est ce qui arrive lorsque l'animal poursuivi est forcé et sur ses fins, de sorte que sa capture soit imminente et certaine, ou lorsqu'il est blessé grièvement, si grièvement qu'il lui est impossible de s'échapper.

Je dirai donc avec la seconde doctrine : la poursuite par les chiens ne suffit pas à réaliser l'occupation, mais cette occupation se réalise au contraire conformément à la première doctrine, lorsque la bête est sur le point d'être forcée ou est mortellement blessée, de telle sorte que sa capture soit imminente et certaine, et qu'elle ne puisse plus échapper au chasseur.

Si donc, et c'est là le résultat pratique de cette dissertation, quelque manant tire devant vos chiens et qu'il s'empare de la bête, elle lui appartient, à moins qu'elle ne soit mortellement blessée ou sur le point d'être forcée.

Les arrêts les plus intéressants rendus sur cette matière très délicate du droit d'occupation confirment le système que nous proposons d'adopter (1).

Arrêts.

Gibier, Occupation. — Le gibier poursuivi simultanément par les chiens de deux chasseurs, et tué par les gens de l'un d'eux, n'appartient pas par moitié à chacun des deux chasseurs. On ne saurait attribuer au fait seul de la poursuite simultanée le caractère légal de l'occupation, pour en faire résulter une propriété commune.

Cass., 17 décembre 1879.

Le gibier devient la propriété du chasseur par l'occupation. Et l'occupation résulte de tout fait qui met le gibier dans l'impossibilité d'échapper, comme une blessure mortelle, accompagnée de la poursuite non discontinuée du chasseur; spécialement, un sanglier blessé mortellement par un chasseur, poursuivi et coiffé par la meute de ce dernier qui suivait sa trace au sang, ne saurait appartenir au tiers qui l'achève.

7 juin 1883, Dalloz, 1883.

Le gibier, *res nullius*, devient la propriété du chasseur par l'occupation ; et l'occupation ne résulte pas seulement de la main-mise exercée sur le gibier, mais de tout fait qui le met dans l'impossibilité d'échapper, comme une blessure mortelle, accompagnée de la poursuite non discontinuée du chasseur.

(1) Laurent, *Princ. de Droit civ.*, t. VIII, n° 442. — Giraudeau et Lelièvre, 1020. — Sorel, *du Droit de suite*, p. 55.

Le fait que, dans sa poursuite, le chasseur aurait un instant cessé d'entendre la voix de ses chiens et de connaitre par là la direction prise par le gibier n'est qu'un incident de la chasse, et n'en constitue pas la discontinuation.

Langres, 13 avril 1882.

Mais c'est au chasseur qui veut être déclaré propriétaire d'une pièce de gibier prise par ses chiens à prouver qu'il n'a pas discontinué la poursuite.

Langres, 13 avril 1882.

Il faut remarquer, d'ailleurs, que c'est à celui qui soutient que la pièce de gibier poursuivie avait été tout d'abord assez grièvement blessée pour ne pouvoir lui échapper, à en rapporter la preuve. C'est là, en effet, une exception qui paralyse le droit d'occupation du chasseur qui capture la bête, et c'est à celui qui invoque une exception à la prouver.

Trib. Joigny, 30 décembre 1831 ; S., 1882.
Cass., 4 janvier 1878 ; S., 1878, 1. 190.
Cass., 2 janvier 1880 ; S., 1880, 1. 390.

Il est cependant un cas assez curieux où le principe que le gibier appartient, non à celui qui le poursuit, mais à celui qui le tue, ne s'applique pas. Un arrêt de Cassation du 3 janvier 1881 a formulé cette exception à l'occasion du fait suivant :

Le sieur Crétin, aubergiste à Salins, chassait un chevreuil au chien courant. Contraint de rentrer chez lui, il convint avec un sieur Berthod que celui-ci, en son absence, continuerait la chasse. Au bout de quelques heures, Berthod tua l'animal et s'en empara. Crétin assigna Berthod en 150 fr. de dommages-intérêts, à raison de ce qu'il s'était approprié le gibier.

En raisonnant d'après le principe que nous avons admis, on doit décider que le chevreuil appartenait à Berthod, qui en était le premier occupant. Berthod avait mal agi vis-à-vis de Crétin, mais, en droit, il en était devenu légalement propriétaire.

La Cour de Cassation a décidé que, dans ce cas particulier, les principes touchant le droit d'occupation et favorables à Berthod ne trouvaient pas application, et elle a rejeté le pourvoi formé par ce dernier contre un jugement du tribunal d'Arbois qui l'avait condamné à verser 25 fr. à Crétin. Le jugement décidait qu'une société s'était tacitement formée entre le demandeur et le défendeur, qu'ils avaient agi en qualité de co-intéressés dans un but commun, et qu'ils avaient, en conséquence, droit à partager également le gibier capturé.

Les circonstances de la cause ont permis aux juges de considérer Crétin et Berthod comme des co-chasseurs en vertu d'une convention tacite, et, en raison de ce motif particulier, l'occupation par Berthod seul du gibier a profité à Crétin, qui avait d'ailleurs fait la preuve de l'accord tacite intervenu entre lui et Berthod.

SAISIE.

C'est un point certain que la saisie du gibier sur le chasseur n'est jamais permise. Le projet primitif de la loi de 1844 prononçait la confiscation, mais cette disposition fut écartée par la Commission de la Chambre des Pairs. On fit valoir, avec raison, qu'elle amènerait des conflits dangereux.

Moniteur, 1843, p. 1236.

Des arrêts récents, dont nous relevons le plus intéressant, confirment cette interprétation de la loi.

Gibier, Saisie. — La prohibition faite par l'art. 25 de la loi du 3 mai 1844 de désarmer l'auteur d'un délit de chasse, est absolue : elle s'applique non seulement au désarmement opéré par violence, mais encore au désarmement par surprise, durant le sommeil du chasseur.

L'agent qui constate un délit de chasse ne peut, en aucun cas, saisir le gibier qui se trouve en la possession du chasseur.

Grenoble, 11 mars 1879.

TRANSPORT. — COLPORTAGE.

Sous la législation antérieure à la loi de 1844, le commerce du gibier était permis en tout temps, et les braconniers pouvaient ainsi, en toutes saisons, tirer parti du produit de leur chasse.

C'est pour remédier à cet abus que l'article 4, dont la disposition était réclamée par les conseils généraux, a interdit la mise en vente, l'achat, le transport et le colportage du gibier pendant le temps où la chasse est fermée, et a prescrit la saisie immédiate du gibier, en cas de contravention.

Les termes de cet article s'étendent à tout gibier, quelle qu'en soit l'origine; ils sont impératifs et absolus et constituent en délit toute personne pour laquelle la possession du gibier est constatée hors du domicile, « sans qu'il y ait lieu d'admettre d'excuse, même celle qui s'appuierait sur la provenance légitime de ce gibier (1) ».

(1) Le rapporteur du projet de loi à la Chambre des députés, dans la séance du 13 avril 1844.

La Circulaire du garde des sceaux du 9 mai 1844, commentant la loi du 3 mai 1844, s'exprime ainsi : « La défense de colporter ou de vendre le gibier en temps prohibé a pour objet de faire disparaître le colportage. Cette défense est générale, elle s'applique au gibier colporté, quelle qu'en soit l'origine; elle atteint même celui qui a été chassé exceptionnellement en vertu de l'article 2, et n'admet pas l'excuse fondée sur la provenance légitime du gibier. »

Il est impossible d'exprimer en termes plus nets et plus impératifs la défense absolue du transport et du colportage du gibier en temps prohibé.

Cette prohibition a été respectée pour les animaux dont le caractère de gibier est évident et indiscutable, et il n'est venu à l'idée de personne, jusqu'à ce jour, de soutenir que les cailles, perdreaux, lièvres ou chevreuils ne sont pas du gibier. Mais il en est autrement pour une certaine classe d'animaux que le législateur appelle animaux nuisibles, et parmi ceux-ci les sangliers et les lapins.

Nous avons vu des bûcherons surpris dans les bois en flagrant délit de braconnage, mangeant chaque jour des lapins produit de leurs rapines, échapper à la répression, sous prétexte que le fait de s'emparer d'un lapin pris au collet n'est pas un délit et ne constitue pas le fait illicite de colportage.

Une pareille décision a lieu de surprendre tous ceux qui prennent souci des intérêts cynégétiques, et elle ne s'explique guère en présence des termes employés par le rapporteur du projet de loi à la Chambre des députés, dans la séance du 13 avril 1844, que nous avons déjà cités plus haut, alors qu'il déclarait que la prohibition s'étend à tout gibier, quelle qu'en soit l'origine, et constitue en délit toute personne pour laquelle la possession du gibier est constatée hors du domicile, sans qu'il y ait lieu d'admettre d'excuse, même celle qui s'appuierait sur la provenance légitime du gibier.

Le bûcheron qui est surpris mangeant des lapins dans le bois où il travaille, est, quoi qu'on en puisse dire un braconnier ; car il est constant qu'il est trouvé porteur de gibier hors de son domicile, pour me servir des termes de la circulaire du Garde des Sceaux du 9 mai 1844, et qu'il n'y a même pas lieu, d'après la même circulaire, d'admettre l'excuse qui s'appuierait sur la provenance légitime du gibier.

Au surplus, certains esprits pensent, les imprudents qu'ils sont, et comme on voit bien qu'ils ne sont ni chasseurs, ni propriétaires de garennes, que la prohibition générale de transport et colportage de gibier en temps prohibé pourrait être modifiée par les Préfets dans les arrêtés qu'ils prennent, pour déterminer le droit de destruction des animaux nuisibles et régler l'exercice de ce droit.

Il suffirait, d'après eux, que les Préfets aient

classé les lapins parmi les animaux nuisibles, puis toléré le colportage des animaux nuisibles, pour rendre licite le transport des lapins en temps prohibé, et autoriser ainsi l'exploitation des garennes à la grande joie des braconniers très surpris et très heureux d'une interprétation aussi favorable et aussi gracieuse pour eux, des dispositions de la loi de 1844.

Il est important, au point de vue juridique et dans l'intérêt des propriétaires de garennes qui font de coûteux sacrifices pour conserver leur gibier, de réfuter de pareilles erreurs auxquelles nous nous étonnons de voir succomber des esprits d'ailleurs judicieux.

Les textes abondent pour établir que le colportage du lapin, en temps prohibé, est illicite.

Les termes de la loi de 1844, les commentaires du rapporteur à la Chambre, la circulaire du Garde des Sceaux prohibent le colportage du gibier, *quelle qu'en soit l'origine*.

Le lapin est-il un gibier? Evidemment oui. Donc le colportage en est prohibé.

Mais, dira-t-on, il est un animal nuisible dont les Préfets ont le droit d'autoriser la destruction.

Assurément. Mais la destruction n'est pas le colportage et aucun texte de la loi de 1844 n'autorise les Préfets à modifier la prohibition générale de colportage édictée par la loi de 1844 même pour les animaux nuisibles, qu'ils aient ou non, comme le lapin, le caractère de gibier.

Les Préfets peuvent, il est vrai, conformément à la loi de 1844, article 9, prendre des arrêtés pour déterminer les espèces d'animaux malfaisants ou nuisibles que le propriétaire, possesseur ou fermier pourra, en tout temps, détruire sur ses terres, et les conditions de l'exercice de ce droit. Mais là s'arrête leur pouvoir, et ils ne peuvent l'exercer que conformément aux principes généraux édictés par la loi de 1844 ; or, cette loi prohibe le colportage d'une façon absolue.

Cela est si vrai, qu'une circulaire récente du Ministre de l'intérieur du 16 juin 1881, en réglementant la question du colportage des sangliers, a fait ressortir ces principes juridiques.

Cette circulaire, rappelant celle du 7 mars 1874 qui autorisait le transport du sanglier accompagné de certificats de provenance, énonce que c'est là un *tempérament* à la rigueur du principe posé par l'article 4 de la loi de 1844 : une simple *tolérance* acceptée par le Ministre de l'Intérieur et le Garde des Sceaux ; et, comme cette tolérance n'a donné lieu à aucun inconvénient, elle autorise, pour le *sanglier seulement*, le colportage, sans qu'il soit besoin de certificat de provenance, ni d'autorisation.

Donc, en principe, le colportage du sanglier, quoique classé comme animal nuisible et même considéré comme bête fauve, est prohibé par la loi de 1844, puisqu'il faut l'interprétation et l'accord du Ministre de l'Intérieur et du Garde des Sceaux, pour en autoriser le colportage à titre de tempérament et de tolérance.

Empressons-nous d'ajouter que rien de semblable n'existe pour les lapins. Ils restent donc, comme l'était le sanglier avant la circulaire de 1881, soumis à la prohibition générale de colportage, et les Préfets ne peuvent les soustraire à la prohibition du colportage, puisque le tempérament, la tolérance dont parle la circulaire de 1881 pour les sangliers ne les atteint pas.

Ce tempérament, cette tolérance pourraient-ils être accordés par le Ministre de l'Intérieur au colportage des lapins? Nous ne le pensons pas, et le Ministre de l'intérieur lui-même a pris soin de l'énoncer.

Par une circulaire du 6 décembre 1881, il rappelle que, d'après la nouvelle jurisprudence qui ressort de trois arrêts rendus par le Conseil d'Etat dans la séance du 1er avril 1881, les cerfs, les biches, les lapins, à la différence des sangliers, ne rentrent pas dans la catégorie des animaux nuisibles dont les Préfets pourraient autoriser la destruction par des battues, en vertu de l'arrêté du 19 pluviôse an V.

Il ressort donc évidemment de ces textes et de ces considérations que le colportage des animaux nuisibles est interdit en temps prohibé ; et que si par tempérament et tolérance le Ministre de l'Intérieur autorise le colportage des sangliers, aucune mesure semblable n'existe pour le lapin, qui rentre, au point de vue du colportage, dans le droit commun, et dont le transport, la possession hors du domicile, la vente, sont évidemment prohibés.

Aussi nous ne pouvons nous expliquer la décision rapportée plus haut. Elle est contraire aux principes juridiques et assurerait, si elle devenait de jurisprudence, une impunité regrettable aux braconniers. Les propriétaires de garennes font, dans l'intérêt de leur chasse, les plus grands sacrifices ; ils indemnisent, dans une mesure souvent très large, les cultivateurs lésés par les dommages causés aux récoltes, et ils ont droit à la protection et à la garantie que les lois pénales et répressives assurent à tout citoyen.

Paralyser l'efficacité de cette protection par des motifs d'humanité ou d'indulgence pour des braconniers toujours peu recommandables, c'est substituer l'arbitraire aux rigueurs nécessaires de la loi, et oublier, par une complaisance regrettable, les intérêts cynégétiques si souvent menacés et compromis. C'est avec des décisions comme celle que nous venons de rapporter que le braconnier se sent encouragé, qu'il brave l'autorité des gardes et descend insensiblement au crime, alors qu'une répression sérieuse et un avertissement salutaire de la justice lui auraient évité de succomber une seconde fois.

COLPORTAGE, EXCUSE DE BONNE FOI.

Une jurisprudence constante décide que l'excuse tirée de la bonne foi n'est pas admissible en fait de chasse; mais qu'il est nécessaire, pour qu'il y ait délit, que l'acte soit volontaire. Cette règle s'applique, dans toute sa rigueur, aux infractions de colportage ou de transport du gibier en temps prohibé; il y a délit, dès que le fait matériel est établi, alors même que le prévenu aurait ignoré le contenu des objets transportés par lui, la bonne foi ne pouvant lui tenir lieu d'excuse; et les juges n'ont point à rechercher si l'agent avait ou n'avait pas l'intention de violer la loi. Il y a lieu, néanmoins, d'ajouter cette restriction qu'il faut un fait volontaire de colportage, de transport ou d'expédition, et que, par exemple, un facteur des messageries qui, dans l'accomplissement de son service, commettrait involontairement un acte délictueux de colportage en transportant, en temps prohibé, du gibier dans une bourriche dont il n'a ni connu ni pu connaître le contenu, ne se rendrait pas coupable du délit de transport de gibier en temps prohibé. (Cass., 9 décembre 1859; Sirey, 1860, I. 189). Et c'est ainsi que la Cour de Douai a décidé, par arrêt du 17 novembre 1880, que le fait d'un moissonneur qui, trouvant par hasard un gibier dans des récoltes, l'appréhende par un mouvement plus instinctif que volontaire, ne commet pas un délit.

Un arrêt de la Cour de Nîmes n'admet l'excuse tirée de l'ignorance de l'expéditeur qu'autant que l'auteur du transport prouverait qu'il lui a été absolument impossible de connaître le contenu des objets transportés.

Ces principes juridiques sur le transport ne peuvent être appliqués dans tous les cas avec la même rigueur, et la jurisprudence a été amenée à y apporter certains tempéraments. Ainsi un individu dépose à une gare de chemin de fer, dans un département où la chasse est ouverte, une bourriche contenant un lièvre dont la tête et les oreilles sont apparentes, à destination d'une localité située dans un département où la chasse est fermée. Il est poursuivi pour transport de gibier en temps prohibé. La jurisprudence admet qu'il n'encourt point de responsabilité pénale et ne commet point le délit prévu et puni par les articles 4 et 12 de la loi du 3 mai 1844.

Il y a délit de transport de gibier en temps prohibé, dès que le fait matériel est établi, alors même que le prévenu aurait ignoré le contenu des objets transportés par lui. La bonne foi du prévenu ne saurait tenir lieu d'excuse.

Il en est ainsi du moins si l'auteur du transport ne prouve pas qu'il lui a été absolument impossible de connaître le contenu des objets transportés.

C. de Nîmes, 19 mars 1880.

L'inexécution par le transporteur du mandat à lui donné par un expéditeur de gibier ne saurait faire encourir à l'expéditeur une responsabilité pénale.

C. d'Amiens, 23 février 1882.
Alleaume, C. min. pub.

GIBIER VIVANT.

Le transport du gibier vivant pendant la fermeture de la chasse est, quelquefois, une nécessité ; et il était indispensable de préciser les règles à suivre à cet égard.

Certains Préfets, peu soucieux des intérêts cynégétiques, refusaient quelquefois ces autorisations à des particuliers qui, plus heureux ou mieux avisés, les obtenaient du Ministre de l'Intérieur. Une circulaire du Ministre de l'Intérieur a mis fin à ces conflits possibles d'attribution administrative en décidant que les Préfets seuls, à l'exclusion du Ministre de l'Intérieur, sont compétents pour donner ces autorisations dans leur département ; et la jurisprudence a consacré cette décision.

La circulaire du Ministre de l'Intérieur, du 12 février 1884, rappelle aux Préfets que les permis de transport de gibier vivant destiné à la reproduction sont délivrés par les Préfets, lorsque le transport doit avoir lieu dans le département, et par l'administration centrale (direction de la sûreté générale, 3e bureau), lorsqu'il doit s'effectuer d'un département à un autre.

Elle reproduit les instructions de la circulaire du 22 juillet 1851 et la recommandation expresse d'exiger rigoureusement les garanties suivantes : un certificat du maire de la commune d'origine, indiquant l'espèce et le nombre des animaux à transporter, et constatant non-seulement qu'ils ont été élevés sur la propriété de celui qui veut les transporter, mais encore que ce transport n'a pas lieu dans un intérêt de commerce ayant pour but la consommation.

Aux termes de la même circulaire, les permis de transport d'un département à un autre ne sont plus délivrés que sur un avis favorable donné, après enquête, par les Préfets. Leur avis devra être motivé par la constatation préalable : 1° que les animaux à transporter ont été élevés par le pétitionnaire ou sur sa propriété ; 2° qu'ils ne sont pas le produit du braconnage ; 3° qu'ils ne sont pas destinés à la consommation, mais au repeuplement.

Bull. offic. du Ministre de la Justice.
Année 1884.

Le transport du gibier vivant, pendant la fermeture de la chasse, ne peut être autorisé que par le Préfet de chaque département, à l'exclusion du Ministre de l'intérieur, pour favoriser le repeuplement des oiseaux.

Le Mans, Trib. corr., 31 août 1883.

CHIENS

CHIENS COURANTS

CHIENS D'ARRÊT.

CHIENS COURANTS.

L'auxiliaire le plus actif, le plus diligent, indispensable au chasseur, dont il est le serviteur et l'ami — vous m'avez compris sans que j'aie besoin de le nommer — peut être, lui aussi, coupable de délit de chasse et engager la responsabilité de son maître, soit au point de vue correctionnel, soit au point de vue civil.

De nombreux arrêts, dont je me bornerai à relever les principaux, établissent très nettement que le propriétaire dont le chien chasse dans des conditions délictueuses ou illicites est responsable du délit commis par son chien, à moins qu'il ne prouve que le chien chasse à son insu ou qu'il a fait tous ses efforts pour le rappeler.

Pour la chasse au chien courant, ce principe, constamment appliqué par la jurisprudence, est dicté par les notions les plus simples de l'équité et de l'expérience cynégétique. Tout a été dit sur l'intelligence du chien ; on en a trop parlé, depuis le temps où Pline racontait que les chiens des bords du Nil ne boivent qu'en courant, de peur d'être surpris par les crocodiles, jusqu'à nos jours, pour que je me risque à ajouter un mot d'éloge qui serait, à leur égard, superflu.

Il est certain que leur concours, nécessaire au chasseur, est particulièrement utile au braconnier, et je ne connais rien au monde qui vaille un chien de braconnier. La jurisprudence paraît donc, à bon droit, avoir surveillé et soumis à une discipline sévère le chien dans ses ébats à la recherche et à la poursuite du gibier, et il est intéressant de la suivre sur ce terrain où, nous devons le reconnaître, elle a fait preuve de discernement et de prévoyance.

Avant de citer et d'analyser les arrêts les plus récents sur cette matière, constatons qu'il est généralement admis que l'emploi des chiens courants qui, par eux seuls, peuvent forcer et capturer le gibier, constitue un fait de chasse sans qu'il soit besoin que le chasseur soit armé. Le chien courant est un instrument de capture; il équivaut à un fusil et il suffit, pour qu'il y ait fait de chasse, que le maître des chiens soit présent et les appuie. Et même quand, après s'être introduits sur la propriété d'autrui, ils quêtent le gibier, il n'est pas nécessaire, pour qu'il y ait délit, que le chasseur les appuie ; il suffit que, loin de rien faire pour les arrêter, il concoure, même à distance, à leur chasse, et ce concours existe s'il se porte sur la lisière extérieure de la propriété gardée et y attend le gibier, le fusil abaissé à la main, dans ce qu'on nomme l'attitude de chasse.

Il doit, en effet, être réputé participer à la recherche et à la poursuite du gibier par ses chiens, lorsqu'il apparaît qu'il a été dans son intention d'en profiter ; et il n'est irresponsable de l'action de ses chiens que s'il a fait tout son possible pour les retenir et les arrêter, ou du moins s'il a clairement manifesté, par son attitude, qu'il ne voulait en rien participer à une poursuite de gibier commencée en dehors de son action personnelle.

L'excuse tirée du § 2 de l'article 11 qui permet, suivant les circonstances, de ne pas considérer comme délit de chasse le passage sur le terrain d'autrui de chiens courants poursuivant un gibier lancé sur la propriété de leur maître, ne peut être admise que dans le cas seulement où, la chasse étant licite à son début, le maître justifie qu'il s'est trouvé dans l'impossibilité de retenir ses chiens et d'empêcher leur excursion sur le terrain d'autrui.

De nombreux arrêts d'espèce viennent à l'appui de ces principes, désormais constants et juridiquement établis.

Arrêts.

Chiens courants, Quête. — L'introduction des chiens courants en action de chasse sur l'héritage d'autrui est illicite.

Orléans, 27 juillet 1882.
Sirey, 1882, 2-36.

Si le passage des chiens courants sur le terrain d'autrui peut être excusé (au cas où les chiens poursuivent un gibier lancé sur la propriété du maître), il n'en est pas de même du passage des chasseurs appuyant leurs chiens ou même les maintenant sur la voie de l'animal poursuivi.

Même arrêt, Orléans, 27 juillet 1882.

Il y a délit de chasse, sans autorisation, de la part de l'individu qui est surpris dans un chemin, longeant le bois d'autrui, faisant chasser deux chiens dans le fossé séparatif du bois et du chemin, les excitant de la voix, ayant le fusil armé et se tenant prêt à tirer.

Et il importe peu que les chiens fussent ceux du prévenu ou de tout autre, lorsqu'il est constant qu'il chassait sur leur quête.

C. de Paris, 21 juillet 1882.
Dalloz, 1882.

L'emploi de chiens courants constitue un fait de chasse, même de la part du maître qui n'a qu'un fusil non chargé et qui est dépourvu de cartouches, alors que le maître suit les chiens et préside à leurs recherches.

Nîmes, 29 janvier 1880. — Sirey, 1880, 2, 109.
Dalloz, 1882.

Le juge correctionnel ne peut excuser le passage de chiens courants sur l'héritage d'autrui, que s'il constate que le gibier poursuivi par les chiens a été levé sur la propriété de leur maître, et que le prévenu a cherché à les rompre et à les empêcher de pénétrer sur le terrain d'autrui ou qu'il a été dans l'impossibilité de le faire.

Et c'est au prévenu qu'incombe la charge d'en rapporter la preuve.

Il ne suffit pas, pour justifier l'admission de l'excuse proposée, de déclarer qu'il n'est pas certain que les chiens aient levé ou mené le gibier sur le terrain d'autrui, par le fait et la volonté de leur maître.

Cass., 11 mai 1883. Dalloz, 1883.

Chien, Quête. — Il y a délit de chasse de la part de

celui qui, pendant que son chien quête sur la propriété d'autrui, stationne en dehors et à la limite de cette propriété, en attendant, le fusil à la main, la sortie du gibier.

Cass., 17 juillet 1884-1885.
Dalloz, 1re p., p. 94.

Le fait de quêter le gibier à trait de limier constitue un fait de chasse, encore bien que la quête n'ait pas été suivie de la poursuite et de la capture de l'animal recherché. Si cette quête se produit sur le terrain d'autrui, sans la permission du propriétaire, elle tombe sous l'application de l'art. 11 § 2 de la loi du 3 mai 1844.

Cass., 6 janvier 1878.
Sirey, 1re p., p. 190.

Le passage, en action de chasse, de chiens courants sur le terrain d'autrui, n'est excusable qu'autant que leur maître a fait tous ses efforts pour les rompre ou qu'il s'est trouvé dans l'impossibilité d'y parvenir, en raison des circonstances de fait ou de localité.

Par suite, le fait dont s'agit ne saurait être excusé lorsque le chasseur s'est placé, en attendant la chasse, sur la lisière d'une forêt domaniale, en y faisant face, et qu'il a tiré le gibier poursuivi au moment où celui-ci débouchait de la forêt pour retourner au bois du prévenu.

C. de Nancy, 15 mai 1884.
Dalloz, 1884.

CHIENS CHASSANT SANS MAITRE.

Il y a lieu de remarquer, toutefois, que le concours du maître est nécessaire pour le constituer en délit par l'acte de chasse commis par ses chiens, et qu'on ne saurait poursuivre le propriétaire de chiens par cela seul que ces derniers parcourent la campagne en quêtant le gibier. Il n'y a délit de chasse, dans ce cas, qu'autant qu'il est établi que le maître a concouru personnellement à l'acte de chasse, soit en suivant son chien, soit en faisant le guet, sauf d'ailleurs toute responsabilité civile à raison des dommages que le chien a pu causer.

Cette restriction au principe posé a été consacrée par deux arrêts conformes de la Cour de Bourges, en date des 9 juin 1882 et 21 février 1884.

Ces arrêts sont motivés par l'exposé de principe suivant :

« Les infractions à la loi sur la police de la chasse, bien qu'elles ne soient pas subordonnées à la constatation d'une intention frauduleuse de la part de leur auteur, n'en doivent pas moins, pour être imputables, être le résultat d'une volonté libre et certaine d'accomplir un acte de chasse; elles ne peuvent donc être relevées lorsqu'il est prouvé que le propriétaire des chiens était, pour ses affaires, absent de son domicile, et que toute intervention de sa part auprès de ses chiens était matériellement impossible. L'abandon des chiens, la négligence du maître à les laisser sortir ne sont point délictueux par eux-mêmes et ne sauraient constituer en délit le maître absent. »

L'esprit de la loi de 1844 et la jurisprudence n'autorisent à qualifier acte de chasse qu'un acte personnel et volontaire tendant à la recherche et à la poursuite du gibier dans le but de le capturer et de se l'approprier.

Il résulte de ces arrêts de la cour de Bourges que si la chasse par les chiens s'accomplit à l'insu du maître et en dehors de sa coopération, elle ne pourra pas lui être imputée à délit, sauf sa responsabilité civile en cas de dommage.

Et, dans ce cas, le tribunal correctionnel est incompétent pour statuer sur l'action en réparation du dommage, car, en l'absence d'actes délictueux, les pouvoirs de la juridiction répressive expirent, et c'est au civil que les parties doivent se pourvoir, s'il y a lieu. Cette jurisprudence de la cour de Bourges, adoptée par le tribunal de Compiègne dont l'éminent président est, en matière de chasse, une autorité indiscutée, désarme complètement le chasseur vis-à-vis des chiens vagabonds, errants, sans surveillance, qui sont de véritables fléaux et les pires des braconniers. Il n'est pas possible, en effet, de les atteindre pour actes de chasse en dehors de la présence du maître.

Dans notre ouvrage *Chasseurs et Braconniers*, nous avons signalé l'insuffisance regrettable de la loi de 1844 à cet égard, et nous avons proposé d'insérer dans la loi sur la chasse la prohibition du vagabondage des chiens. Ces réformes sont impérieusement réclamées, mais elles sont bien lentes à venir, au grand détriment du chasseur et du cultivateur lui-même, dont les chiens errants détruisent le gibier et ravagent les récoltes.

Chiens chassant sans maître. — Aucune peine ne saurait être infligée à l'individu dont le chien a chassé sur le terrain d'autrui, lorsque cet individu ne s'est pas associé à l'introduction de son chien sur la propriété d'autrui et n'a pas cherché à en profiter.

Spécialement, aucun délit n'est imputable au maître du chien qui, obéissant à son instinct naturel, s'échappe pendant que le maître est occupé aux travaux de la campagne, continue sa course malgré le rappel dont il est l'objet, et fait lever du gibier dans le bois d'autrui.

Il en est ainsi, alors surtout que le prévenu n'est pas chasseur, qu'il ne se livre jamais au braconnage, que son chien, de l'espèce dite *mâtinée*, est plutôt un chien de garde qu'un chien de chasse, et que rien ne fait supposer que son maître l'ait habitué à poursuivre le gibier.

Trib. de Compiègne, 26 déc. 1882.

Chiens chassant. — Il n'y a point délit de chasse de la part du maître d'un chien de chasse, par cela seul que le chien parcourt la campagne en quêtant le gibier, si le maître ne concourt personnellement à ce fait par aucun acte de sa volonté en suivant son chien ou en guettant de manière à capturer le gibier, sauf d'ailleurs toute responsabilité civile à raison des dommages que le chien a pu causer.

Bourges, 21 février 1884.
Sirey, 1884, 2, 74.

Chien chassant sans maître. — Lorsqu'un chien courant, qui chassait seul sur le terrain d'autrui, a été reconnu par son maître, et que celui-ci, quoique invité par le garde, ne le rappelle pas, le maître, par cette abstention, s'associe au fait de son chien qui continue à chasser.

Cour d'Orléans, 16 juillet 1884.
France judiciaire, 9e année, janvier 1885, n° 3, p. 134.

CHIENS D'ARRÊT.

La question, en ce qui concerne le chien d'arrêt, peut paraître plus délicate, et on se demande, à bon droit, si la quête du chien d'arrêt appuyée par son maître constitue un délit de chasse.

La jurisprudence se décide en ce sens, et elle n'autorise pas la quête du chien d'arrêt, même pour le dressage.

Un sieur Pantaléon ayant été trouvé alors que la chasse n'était pas ouverte, dans un champ non clos, précédé de deux chiens dont il dirigeait les recherches, fut traduit devant le tribunal correctionnel de Poitiers pour chasse en temps prohibé. Pantaléon exposa que, depuis quinze ans il dressait des chiens, et que telle était sa profession ; il établit que le jour du procès-verbal il tenait, suivant son habitude, ses chiens par une corde, et qu'il les faisait courir non pour chasser, mais pour les dresser ; que, du reste, il n'avait pas de fusil, qu'il tenait ses chiens attachés avec une corde et qu'il se trouvait ainsi en mesure de les empêcher de prendre du gibier et de le détruire.

Pantaléon fut renvoyé de la poursuite par jugement du 9 septembre 1882, mais, sur l'appel du ministère public :

Considérant que Pantaléon conduisait volontairement ses chiens vers le gibier et qu'il stimulait leurs quêtes pour le découvrir ; que, par conséquent, même en admettant la précaution d'une corde, il accomplissait un acte de chasse tombant sous l'application de la loi ; considérant, en outre, que, par la généralité de ses dispositions, la loi de 1844 a embrassé tous les moyens qui ont pour but la recherche, la poursuite ou la capture du gibier,

La Cour fit droit à l'appel du ministère public, réforma le jugement de première instance et déclara Pantaléon coupable du délit de chasse en temps prohibé. (Poitiers, arrêt du 10 novembre 1882.)

Cette jurisprudence rigoureuse, il faut l'avouer, est soutenue dans la doctrine par MM. de Neyremand, Jullemier, Leblond, Giraudeau, Lelièvre et Soudée, et la Cour de Poitiers a suivi, dans sa décision, deux arrêts, l'un de la Cour de Cassation du 4 janvier 1878, et l'autre de la Cour d'Orléans du 20 mai 1878, qui tous deux ont très nettement affirmé la seule recherche du gibier comme délictueuse.

Il s'agissait, il est vrai, dans l'espèce de la Cour de Cassation déférée par renvoi à la Cour d'Orléans, d'une quête de gibier à trait de limier, et l'on comprend que, dans ce cas, on ne puisse considérer cet acte de recherche du limier comme un simple fait de passage inoffensif et licite, parce qu'il arrivera, le plus souvent, que le piqueur, donnant suite à son limier, mettra sur pied et fera partir de l'enceinte plus d'une pièce de gibier, peut-être un animal qu'aurait voulu chasser le propriétaire dont les droits seront ainsi directement lésés ; qu'en outre, si ce mode de quête était déclaré licite sur le terrain d'autrui, le braconnier pourrait le pratiquer aussi bien que le piqueur d'un équipage, de sorte qu'en temps prohibé, en temps de reproduction, en temps de neige il ne lui serait que trop facile de surprendre et de détruire toutes sortes de gibier.

Ces considérations nous paraissent décisives pour la quête du limier, mais elles n'ont plus la même valeur lorsqu'il s'agit de la quête au chien d'arrêt, dans un but manifeste de dressage. Aussi elles sont loin d'avoir été unanimement admises, et nous sommes obligés de convenir qu'à l'égard du chien d'arrêt la jurisprudence des Cours d'appel est en désaccord avec celle de la Cour de Cassation.

De nombreux arrêts viennent battre en brèche l'arrêt de la Cour de Poitiers. Ainsi, Douai, 28 décembre 1852 ; Dijon, 19 novembre 1862 ; Nancy, 7 décembre 1844 ; Pau, 28 août 1857 ; Colmar, 30 décembre 1862. Ces divers arrêts décident, qu'en règle générale et à moins de circonstances exceptionnelles, le seul fait, sans emploi d'armes, de faire ou de laisser quêter un chien d'arrêt, ne constitue pas un fait de chasse. Cette théorie se résume à dire qu'il ne peut y avoir fait de chasse que là où il existe au moins une tentative volontaire de destruction de gibier, et qu'un chien d'arrêt ne peut jamais à lui seul prendre ou détruire le gibier.

Mais, comme le fait observer la Cour de Cassation dans son arrêt du 17 février 1853, c'est, en cette matière spéciale, substituer illégalement le but que se promet le chasseur à l'effet que doit ou peut produire son action. Il est évident que l'action volontaire de faire quêter des chiens exposerait le gibier, en général, et particulièrement les couvées des oiseaux et les petits des diverses espèces de gibier, quand ils seraient découverts, à être saisis par eux, ce qui constituerait pour le maître du chien un véritable délit de chasse.

Et la Cour de Nîmes, dans un arrêt récent, s'est ralliée à cette jurisprudence. Elle décide que c'est chasser que de parcourir la campagne, accompagné d'un chien pour découvrir le gibier, quand même on ne serait pas armé ; que si le chien d'arrêt a pour mission spéciale de quêter, de guider le chasseur à la recherche du gibier et de tenir à l'arrêt jusqu'à l'arrivée du maître, il peut arriver aussi qu'il le pousse et s'en empare, et qu'un pareil exercice tombe sous l'application de la loi.

Nous pensons donc, quant à nous, qu'en droit, l'opinion de la Cour de Cassation doit prévaloir. Le maître qui parcourt la plaine, même sans arme, en dressant par la quête son chien d'arrêt, commet un délit de chasse. Est-ce à dire que les amateurs de chasse à tir devront renoncer à faire dresser, avant l'ouverture, leurs chiens d'arrêt? Ce serait, assurément, accepter en fait une décision trop rigoureuse. Que les disciples de saint Hubert continuent donc à dresser leurs chiens; mais, s'ils sont surpris, qu'ils transigent et qu'ils se gardent bien surtout d'en référer à la Cour de Poitiers ou à la cour de Nîmes. Peut-être trouveront-ils ailleurs les décisions moins rigoureuses.

Arrêts.

Chien, Quête. — Le fait, par un individu, d'avoir, en temps prohibé, fait quêter ses chiens dans un champ non clos, constitue le délit de chasse prévu et puni par l'article 12 de la loi du 13 mai 1844, quand même il serait constaté que le prévenu était sans arme, qu'il tenait ses chiens en laisse et que son but unique était de dresser ces animaux à poursuivre le gibier.

C. de Poitiers, 10 novembre 1882.
Dalloz, 1882, 5, 72.

Fait acte de chasse l'individu qui parcourt la campagne, même sans arme, accompagné d'un chien d'arrêt qu'il excite de la voix et du geste à chasser.

Peu importe que le prévenu ne fasse chasser son chien que pour le dresser.

C. de Nîmes, 24 mai 1883.
Dalloz, 1883.

BÊTES FAUVES

ANIMAUX NUISIBLES.

BÊTES FAUVES.

L'art. 9, § 2, n° 3, de la loi de 1844 autorise le propriétaire ou fermier à repousser ou détruire, même avec des armes à feu, les bêtes fauves qui porteraient dommage à sa propriété.

Il faut remarquer que le mot bête fauve, inscrit dans la loi, ne doit pas être pris dans un sens général et ne saurait s'appliquer à tous les animaux sauvages, malfaisants ou nuisibles. En effet, le législateur a distingué dans l'article 9 les animaux nuisibles ou malfaisants de ceux qu'il désigne sous le nom de bêtes fauves ; quant aux premiers, il laisse aux Préfets le soin d'en dresser la nomenclature et de régler les modes de destruction, tandis que, à l'égard des bêtes fauves qui portent dommage à la propriété, il reconnaît le droit de les repousser et de les détruire, même avec l'aide d'armes à feu, en dehors de toute intervention de l'autorité. Ces deux dispositions différentes de la loi s'appliquent évidemment à des animaux différents, et on ne doit entendre par bêtes fauves que les loups, sangliers, renards, blaireaux.

Les cerfs, les biches, les lapins, qui peuvent êre appelés animaux malfaisants et nuisibles, ne rentrent pas évidemment dans la qualification de fauves, dont la loi de 1844 a entendu parler.

En outre, les termes de la loi précisent et limitent le droit de destruction des bêtes fauves au cas et au moment où elles commettent un dommage, et l'article 9 n'a pas eu pour objet d'autoriser, en tout temps et sans condition, la destruction d'une catégorie d'animaux malfaisants ou nuisibles, mais elle a entendu seulement rappeler et consacrer le droit naturel de légitime défense, qui permet à tout propriétaire ou au fermier de repousser ou de tuer les bêtes fauves au moment où elles commettent un dommage.

La jurisprudence admet, d'ailleurs, que cette destruction peut s'exercer non-seulement au moment même du dommage, mais aussi au cas de dommage imminent, lorsque les bêtes fauves s'apprêtent à le commettre ou à le réaliser. C'est là un droit de défense préventive admis par les auteurs : Championnière, *Manuel des Chasseurs*, Giraudeau et Lelièvre, *la Chasse*, et consacré par la jurisprudence.

Ce droit de destruction des bêtes fauves, qui appartient au propriétaire lésé, n'est pas un droit personnel exclusivement attaché à sa personne ; il peut le déléguer à des mandataires et charger, par exemple, le maître d'un équipage, à l'aide de sa meute et de ses auxiliaires, de lui prêter main forte et de le débarrasser des fauves dont la présence constitue un péril imminent pour sa propriété.

Mais il n'en faudrait pas conclure que ce droit de destruction, ainsi délégué, pourrait légalement dégénérer en abus et couvrir des faits de chasse commis par des personnes étrangères au propriétaire ou fermier et à sa famille. Il est prudent, dans ce cas, de faire au maire de la commune une déclaration préalable, et cette omission de déclaration constituerait une présomption de délit.

Ce droit n'est pas non plus subordonné à l'obtention d'un permis de chasse, et il peut s'exercer même pendant la nuit.

La loi n'ayant point limité les moyens susceptibles d'être employés, il est permis d'en conclure que tous les moyens sont licites, même la chasse à courre, pourvu qu'ils soient exclusivement employés pour la destruction et puissent sérieusement aboutir à ce résultat; et les arrêtés préfectoraux, dans les prescriptions qu'ils renferment sur la destruction des animaux malfaisants ou nuisibles, ne sont pas applicables.

La question est plus délicate, relativement à l'emploi des engins prohibés, pour l'exercice de la chasse, tels que filets, pièges, etc. Plusieurs opinions ont été émises à ce sujet. Suivant une première opinion, le § 3 *in fine* de l'article 9 de la loi de 1844 déroge au § 2 du même article et à l'article 12 nos 2 et 3 de la même loi, concernant l'emploi et la détention des engins prohibés, et autorise leur usage pour la destruction des bêtes fauves (1).

Suivant une autre opinion, les engins prohibés pour la chasse ne sauraient être employés pour la destruction des bêtes fauves, à moins qu'il ne s'agisse de pièges qui ne peuvent prendre que des animaux malfaisants ou nuisibles, tels que les fers pour les loups, renards, blaireaux, loutres, etc. (2).

La jurisprudence se prononce en faveur de cette seconde opinion. La Cour de Cassation déclare que la simple détention d'un piège peut n'entraîner aucune peine, lorsque ce piège semble destiné aux animaux, tels que fouines et belettes, qui dévastent les dépendances des habitations rurales, et lorsque, d'ailleurs, il n'est intervenu aucun arrêté préfectoral ayant pour objet de déterminer le droit de destruction des animaux malfaisants. La Cour de Caen a refusé également de réprimer la détention de pièges à fouines et putois (arrêt du 21 juillet 1874, affaire Baulard ; *Gazette* du 5 août 1874), et de pièges à loups et renards (arrêt du 21 décembre 1874, affaire Botrel.)

Mais il est nécessaire d'établir, d'une part, la nécessité impérieuse de détruire la bête fauve pour

(1) En ce sens, de Neyremand, *Questions sur la Chasse ; Petit Traité de la Chasse.*

(2) Villequez, *du Droit de destruction des Animaux malfaisants ou nuisibles.* — Rogron, *Code de la Chasse.* — Jullemier, *des Procès de chasse.*

repousser le dommage, et l'efficacité du moyen employé pour arriver à ce résultat.

Arrêts.

Le droit, pour le propriétaire, de repousser et de détruire en tout temps, et même avec des armes à feu, les bêtes fauves qui portent dommage à sa propriété, est une faculté naturelle de légitime défense qui ne peut s'exercer que pendant le moment où l'on est obligé de repousser par la force l'animal qui est en train de causer un dommage.

En dehors de ce cas, la destruction ne peut avoir lieu sans permis ou en temps prohibé que dans les conditions fixées par les arrêtés préfectoraux.

Cassation, 2 décembre 1880.
Sirey, 1re p., p. 388.

Le fait de la part du propriétaire de repousser ou détruire les bêtes fauves qui portent dommage à ses propriétés, constitue non pas un acte de chasse, mais l'exercice d'un droit de légitime défense qui n'est soumis à aucune condition.

Spécialement, ne commettent aucun délit les individus qui, sans être munis de permis, procèdent à une battue dans un bois à eux appartenant, pour faire cesser les dégâts que des sangliers causaient presque chaque nuit dans leurs champs contigus à ce bois.

Cass., 29 décembre 1883.
Dalloz, 1884, 1re p., p. 96.

Le propriétaire ne peut déléguer ou céder, à titre gratuit, le droit de destruction qui lui appartient à des tiers étrangers à sa famille et à sa maison, et qui ne seraient attachés à aucun titre à son exploitation agricole.

Et il y a présomption de délit quand aucune déclaration préalable n'a été faite au maire de la commune, soit par les prévenus, soit par les propriétaires, alors qu'il est d'usage, dans la contrée, de faire cette déclaration.

Wassy, 19 juillet 1882.

Il n'y a pas délit de chasse de la part du maître d'une meute et de ses auxiliaires qui, sur les instances des propriétaires d'une forêt, y détruisent, au moyen de la chasse à courre, plusieurs jeunes loups dont la présence constituait un péril imminent pour la propriété.

Poitiers, 19 janvier 1883,
et sur pourvoi Cass., 28 avril 1883.
Dalloz, 1883, 5e p., p. 53.

L'exercice du droit de destruction des animaux malfaisants et nuisibles peut être délégué à des tiers sans être, d'ailleurs, subordonné à l'obtention d'un permis de chasse. Et cette destruction peut avoir lieu la nuit, alors du moins que le préfet n'a pas interdit la destruction de ces animaux la nuit avec armes à feu.

Senlis, 17 novembre 1880.
Dalloz, 1882, 5, p. 62.

Tout propriétaire peut tuer, en tout temps et sans être tenu de se conformer aux prescriptions des arrêtés préfectoraux, les bêtes fauves, soit au moment où elles causent dans un bois des dévastations,

C. de Paris, 30 avril 1881.

soit au moment où elles font irruption dans son bois, pour lequel leur présence constitue un péril imminent.

Cour d'Amiens, 31 août 1882.
Dalloz, 1882, 5e p., p. 64.

Le garde particulier qui, pendant la fermeture de la chasse, tend un piège à renards sur un terrain dépendant des propriétés confiées à sa garde et à trois cents mètres de tout terrier, commet un délit de chasse en temps prohibé, alors que le préfet n'avait autorisé l'usage des pièges contre les renards qu'à l'entrée des terriers, et que, d'autre part, l'acte imputé au prévenu n'était pas nécessité par le besoin de repousser ou détruire une bête fauve au moment où elle causait un dommage à la propriélé.

Cass., 2 décembre 1880.
Dalloz, 1881, 1. 135.

Bien qu'on ne puisse évidemment considérer les moineaux, les pies, les pigeons ramiers et, en général, les oiseaux comme des bêtes fauves que le propriétaire puisse en tout temps, même avec des armes à feu, repousser ou détruire lorsqu'ils portent atteinte à sa propriété, il est intéressant de noter un arrêt de la Cour de Douai qui décide qu'aucun délit de chasse n'est commis par le fermier qui, sans être muni d'un permis, tire sur des moineaux au moment où ils causent à ses récoltes un sérieux dommage, alors même que le moineau n'est point classé, par le Préfet, parmi les animaux nuisibles.

Et un autre arrêt de la cour de Paris, qui autorise le propriétaire à détruire ou à faire détruire, sur son terrain, les pigeons qui lui causent un dommage. (Arrêt, 11 novembre 1857. — Sirey, 1858, 2, 173.)

Mais dans ces espèces, où la jurisprudence écarte le fait de chasse en se basant sur les termes de la loi du 4 août 1789, qui ne permet de considérer les pigeons comme gibier qu'autant qu'ils causent un dommage à la propriété et qu'ils sont tirés par les propriétaires ou leurs préposés, pour empêcher ce dommage, elle maintient les droits des propriétaires des pigeons et considère comme un véritable vol le fait de se les approprier. Il est donc prudent, dans ces matières délicates, de s'abstenir de tirer sur les pigeons d'autrui et surtout de les mettre au carnier en les considérant comme gibier.

Arrêts.

Destruction, Arrêté préfectoral. — Les pies et les pigeons ramiers ne rentrent pas dans la catégorie des bêtes fauves qui, en cas de dommage à la propriété, peuvent être détruites en tout temps, même avec l'aide d'armes à feu et en dehors de toute intervention de l'autorité.

Lorsqu'un arrêté préfectoral a rangé ces oiseaux parmi les animaux malfaisants et nuisibles, leur destruction, dans le temps où la chasse est suspendue ou fermée, ne peut s'opérer que suivant les modes autorisés par ledit arrêté.

Cass., 11 juin 1880, 1. 438.
Sirey.

On ne saurait considérer le menu gibier et spécialement les oiseaux comme des bêtes fauves dont le propriétaire ou fermier peut se débarrasser en tout temps lorsqu'ils portent atteinte à sa propriété.

Cass., 5 janvier 1883.
Dalloz, 1883, 5ᵉ p., p. 55.

Contrà. — Le fait par le propriétaire ou fermier de repousser ou détruire des animaux nuisibles sur le lieu et au moment où ils portent dommage à ses récoltes, constitue non pas un acte de chasse, mais l'exercice d'un droit de légitime défense qui n'est pas subordonné aux prescriptions des arrêtés préfectoraux sur la destruction des animaux malfaisants ou nuisibles.

Cour d'Aix, 30 juin 1882.
Cour de Douai, 6 déc. 1882.
Dalloz, 1883, 2e p., p. 44.

Les pigeons ne devant être considérés comme gibier qu'autant qu'ils causent un dommage sur les propriétés d'autrui, et qu'ils sont tués par le propriétaire ou ses préposés pour empêcher ce dommage et dans le temps où ils doivent être renfermés, le fait de tuer, même sur son propre terrain, en dehors des époques où ils sont considérés comme gibier, des pigeons appartenant à autrui, dans l'intention de se les approprier, constitue, non un délit de chasse, mais le délit de vol.

C. de Limoges, 18 septembre 1884.
Sirey, 1885, 2, 40.

BÊTES FAUVES, COLPORTAGE.

Les auteurs sont partagés sur la question de savoir si la loi autorise, pendant la fermeture de la chasse, le colportage des bêtes fauves détruites en vertu du droit de légitime défense.

La jurisprudence est généralement d'accord pour prohiber le colportage des animaux qui ont le caractère de gibier ; mais elle admet la légitimité du colportage des bêtes fauves et, notamment, du sanglier tué dans les conditions prévues par l'article 9, § 3, de la loi de 1844 ; et les auteurs admettent volontiers que le propriétaire ou fermier qui, usant de son droit, tue une bête fauve au moment où elle cause un dommage à sa propriété, peut la rapporter chez lui, bien que la destruction ait lieu après la clôture de la chasse, c'est-à-dire dans un temps où le transport du gibier est prohibé (1).

(1) V. MM. Villequez, *du Droit de destruction*, n° 74. — Leblond, *C. de la Chasse*, t. Ier, n° 160.

Arrêts.

Le cultivateur qui, ayant blessé mortellement un sanglier au moment où il causait un dommage à sa propriété, va chercher et enlever cet animal sur le terrain d'autrui où il est tombé mort, ne commet aucun délit.

C. de Rouen, 21 décembre 1879.
Sirey, 1880, 2e p., p. 332.

Le colportage d'un sanglier tué dans les conditions prévues par l'article 9, § 3, de la loi n'est pas prohibé.

C. d'Amiens, 31 août 1882.

Au surplus, deux circulaires récentes du Ministre de l'Intérieur confirment, sur cette matière du colportage, les autorisations suivantes applicables aux bêtes fauves :

La première, acceptée par M. le Garde des Sceaux et rappelée par une circulaire de la chancellerie à la date du 28 avril 1881 (V. *Bulletin officiel* du ministère de la justice, année 1881, p. 29), autorise le transport, sans arrêt dans les départements où la chasse est interdite, du gibier expédié de l'étranger à l'étranger et ne faisant que transiter en France sous le plomb de la douane, avec un acquit à caution délivré par le chef de service du lieu d'importation.

La seconde, beaucoup plus complète, en date du 16 juin 1881 (V. *Bulletin officiel*, 1881, p. 85), rappelant une circulaire du 7 mars 1874 qui avait autorisé le transport, la vente et le colportage des sangliers pendant la fermeture de la chasse, sous la condition que chaque envoi serait accompagné d'un certificat de provenance et d'une autorisation de transport délivrée par les préfets ou les sous-préfets, décide que cette autorisation s'appliquera, à l'avenir, au transport, à la vente et au colportage des sangliers tués comme animaux nuisibles, soit dans une battue, soit isolément, sans qu'il soit nécessaire de se pourvoir d'un certificat de provenance, ni d'une autorisation de transport.

ANIMAUX NUISIBLES

BÊTES FAUVES, BATTUES ADMINISTRATIVES.

Une question que la jurisprudence a eu fréquemment à résoudre et qui intéresse les propriétaires de bois et les adjudicataires des chasses des forêts de l'Etat, est de savoir quelle est l'étendue de l'autorité administrative et quelles sont les conditions prescrites pour la régularité des arrêtés préfectoraux à fin de destruction des animaux nuisibles.

L'arrêté consulaire du 19 pluviôse an V donne aux administrations départementales le droit de prescrire des battues pour la destruction des animaux nuisibles. C'est là, il faut en convenir, un droit qui peut être gênant pour les propriétaires ou locataires de chasse, et devenir l'origine d'abus et de procédés vexatoires de la part de l'autorité préfectorale à l'encontre des particuliers.

La question a été portée, à diverses reprises, devant le Conseil d'Etat, qui a eu à examiner les points suivants :

Les pouvoirs conférés à l'autorité préfectorale, par l'arrêté de l'an V, s'appliquent-ils aux mesures de destruction relatives à tous les animaux, même ceux qui rentrent dans la qualification de gibier? Les préfets peuvent-ils, par leurs arrêtés, ordonner la destruction, par battues, des cerfs, biches, sangliers et lapins?

Le texte de l'arrêté de pluviôse an V est emprunté à l'article 6 de l'édit de 1601, et le préfet d'Indre-et-Loire, se fondant sur cet article, avait pris, le 31 mars 1880, un arrêté ordonnant la destruction, par battues, des sangliers, cerfs, biches et lapins sur le territoire de la commune de Chambourg.

M. Paul Schneider se pourvut devant le Conseil d'Etat contre cet arrêté, en se fondant sur ce que les animaux compris dans cet arrêté, sangliers, cerfs, biches et lapins, n'étaient pas des animaux nuisibles dans le sens de l'arrêté du 19 pluviôse an V.

M. le commissaire du gouvernement Marguerie, dans des conclusions remarquables qui résument, au point de vue historique et juridique la question soulevée, conclut à l'annulation de l'arrêté attaqué.

Le Conseil d'Etat, conformément à ces conclusions, admit le pourvoi, mais, par son arrêt du 1er avril 1881, il établit la distinction suivante :

Considérant que si le sanglier n'est pas un animal essentiellement nuisible, il peut le devenir par suite de circonstances particulières, notamment de sa trop grande multiplication dans un pays ; qu'ainsi il appartenait au préfet, conformément aux articles 3, 4, 5 de l'arrêté du 19 pluviôse an V et de l'ordonnance du 20 août 1814, d'autoriser des battues pour la destruction des sangliers, qui, d'ailleurs, ont été désignés comme animaux malfaisants ou nuisibles par un arrêté du préfet d'Indre-et-Loire, du 1er mars 1863, pris en exécution du § 3 de l'article 9 de la loi du 3 mai 1844 ;

Mais, considérant que les cerfs, biches ou lapins désignés par le même arrêté ne rentrent pas dans la catégorie des animaux nuisibles dans le sens de l'arrêté du 19 pluviôse an V,

Le Conseil d'État annule l'arrêté du Préfet en tant qu'il a autorisé des battues pour la destruction des cerfs, biches et lapins ;

Rejette le surplus des conclusions, c'est-à-dire qu'il maintient l'arrêt qui prescrit les battues pour la destruction des sangliers.

Cette décision, conforme aux conclusions du commissaire du gouvernement Marguerie, en ce qui concerne les cerfs, biches et lapins, avait été repoussée par lui relativement aux sangliers, et il soutenait que les battues aux sangliers ne pouvaient être légalement ordonnées d'office par les Préfets. La Cour de Cassation, saisie d'un pourvoi formé à l'occasion d'une battue aux sangliers faite par un lieutenant de louveterie muni d'un arrêté préfectoral, avait, il est vrai, reconnu la légalité de cet arrêté (Cass., 21 janvier 1864). Mais M. Marguerie attaque cette décision, et, par des considérations historiques d'une grande valeur, il s'élève contre la légalité des arrêtés préfectoraux ordonnant la destruction même des sangliers.

Arrêt.

Est entaché d'excès de pouvoir l'arrêté par lequel un préfet ordonne la destruction par battues des cerfs, biches et lapins. (Arrêté du 19 pluviôse an V, art. 3, 4, 5.)

Mais le préfet peut prescrire des battues pour la destruction des sangliers.

Conseil d'Etat, 1er avril 1881.
Sirey, 3e p., p. 27.

RÉGLEMENTATION DES BATTUES ADMINISTRATIVES.

Le deuxième point sur lequel le Conseil d'Etat a été appelé récemment à donner son avis, est relatif à la réglementation des battues et à la surveillance des agents qui doivent les diriger.

M. Chaiou, fermier du droit de chasse dans la forêt de Dreux, s'est pourvu devant le Conseil d'Etat, contre un arrêté du 20 mai 1881 par lequel le préfet d'Eure-et-Loir avait autorisé quatre chasses aux battues dans la forêt de Dreux.

M. Chaiou soutenait qu'elles avaient été autorisées irrégulièrement, en ce qu'elles devaient avoir lieu avec le concours des agents forestiers. Le Préfet légitimait son arrêté en invoquant que les dispositions de l'arrêté du 19 pluviôse an V, qui exigent l'intervention des agents forestiers pour les battues dans les forêts, ne s'appliquent pas aux forêts particulières.

Le Conseil d'Etat, par décision du 12 mai 1882, a annulé l'arrêté du préfet d'Eure-et-Loir pour violation des articles 3 et 4 de l'arrêté de pluviôse, en vertu desquels les chasses et battues doivent être ordonnées de concert avec les agents forestiers et exécutées sous la direction et la surveillance desdits agents qui règlent, après entente avec les administrations municipales, les jours et le nombre d'hommes à fixer.

Décision dans le même sens, par arrêt de la Cour de Paris du 24 novembre 1882.

Arrêt.

L'immunité résultant d'un arrêt préfectoral qui autorise une battue ne saurait être invoquée par le piqueur d'un lieutenant de louveterie qui, en l'absence de son maître et accompagné seulement des valets de chasse de ce dernier, découple des chiens courants et les dirige à la poursuite d'un sanglier à travers un bois particulier; alors surtout qu'aucun concert n'est intervenu entre les autorités pour déterminer le nombre des tireurs à employer, qu'aucun tireur n'a été requis pour prendre part à la destruction des animaux poursuivis, que la gendarmerie n'a reçu aucun avis et que le fait incriminé a eu lieu sur le territoire d'une commune non comprise dans l'arrêté d'autorisation.

Paris, 1882.
Dalloz, 1884, 5e p., p. 58.

Au surplus, une circulaire du Ministre de l'Intérieur aux Préfets, en date du 4 décembre 1884, à l'occasion de la loi du 5 avril 1884, a résumé et précisé très nettement les principes relatifs à ces chasses communales ou battues administratives qui sont souvent une source de querelles et de difficultés, et il est intéressant d'examiner les points principaux qui y sont traités.

Cette circulaire rappelle que l'article 90, § 9, de la loi du 5 avril 1884, autorise le maire, sous le contrôle du conseil municipal et la surveillance de l'administration supérieure, à prendre, de concert avec les propriétaires ou les détenteurs du droit de chasse, toutes les mesures nécessaires à la destruction des animaux nuisibles désignés dans l'arrêté du Préfet, pris en vertu de l'article 9 de la loi du 3 mai 1844.

Les procédés les plus communément usités pour cette opération sont les pièges, le poison, les armes à feu et enfin les battues.

La loi du 5 avril 1884 autorise donc les maires à prendre, de concert avec les propriétaires, toutes les mesures nécessaires y compris les battues.

Le décret du 19 pluviôse an V n'ayant pas été abrogé par la nouvelle loi, il en résulte que ces sortes de moyens de destruction peuvent être ordonnés par les Préfets sur le territoire de plusieurs communes, par les Maires dans les limites de leur commune. Conformément à la jurisprudence adoptée par le Conseil d'Etat, les battues ordonnées en vertu du décret du 19 pluviôse an V, par le Préfet, doivent être faites de concert avec l'administration forestière et sous la surveillance de leurs agents, et elles ne peuvent comprendre, dans la nomenclature des animaux à détruire, ceux qui ont le caractère de gibier, à l'exception du sanglier, même quand ils auraient été rangés au nombre des espèces nuisibles par l'arrêté préfectoral.

Mais les mesures de destruction ordonnées par l'autorité municipale ne sont pas soumises à ces diverses conditions ; l'administration forestière n'aurait à intervenir que si elles étaient exécutées dans les forêts soumises à son régime, et l'art. 90, § 9, de la loi du 5 avril 1884, dispose qu'elles peuvent être dirigées contre tous les animaux nuisibles, *ayant ou non le caractère de gibier*, qui ont été désignés comme tels dans l'arrêté préfectoral.

Toutefois, ces mesures doivent être prises de concert avec les propriétaires ou les détenteurs du droit de chasse, sous le contrôle du conseil municipal et la surveillance de l'administration préfectorale, et le maire doit veiller à ce qu'elles ne soient pas détournées de leur objet et ne servent pas de prétexte pour commettre des délits de chasse.

En temps de neige, l'article 90 de la loi du 5 avril 1884 charge le maire de faire, à défaut des détenteurs du droit de chasse à ce dûment invités, détourner les loups et sangliers remis sur le territoire, et de requérir, à l'effet de détruire ces animaux, les habitants, avec armes et chiens propres à les chasser.

La nouvelle loi laisse, d'ailleurs, intact le droit reconnu par la loi du 3 mai 1844, article 9, au propriétaire, possesseur ou fermier de détruire, dans les conditions fixées par les arrêtés préfectoraux les animaux nuisibles, et de repousser, même avec armes à feu, les bêtes fauves qui porteraient dommage à ses propriétés.

Circ. de l'intérieur, 4 décembre 1884.
Bull. officiel, 1884, p. 256.

TRAQUES OU BATTUES

TRAQUES OU BATTUES.

Indépendamment de la chasse à courre et de la chasse à tir au chien courant ou au chien d'arrêt, il est un autre mode de chasse usité dans les pays de plaine tels que la Champagne et la Brie. C'est la chasse en traque ou en battue. Ce genre de chasse ressemble plutôt à un tir à la cible qu'à une chasse véritable ; c'est une exécution à tir rapide dans laquelle les jambes des traqueurs ou des voisins servent souvent de point de mire, et nous ne saurions trop recommander aux jeunes chasseurs d'y apporter la plus grande prudence. Nous reconnaissons cependant que la battue aux lapins ou aux perdreaux est quelquefois très amusante, et même qu'elle est, à certaines époques de l'année, le seul mode de chasse possible dans des pays où d'immenses plaines ou, au contraire, des fourrés impénétrables ne permettent pas au chasseur de tirer à portée.

La jurisprudence a eu occasion, à diverses reprises, de s'occuper de la traque ou de la battue. La Cour de Cassation décide que la traque qui consiste à faire lever le gibier et à le pousser vers le chasseur qui l'attend armé d'un fusil constitue, de la part du traqueur, un acte de chasse, et le soumet aux prescriptions de la loi du 3 mai 1844 et aux pénalités qui en sont la sanction. Néanmoins, elle admet une exception à ces principes quant à l'obligation du permis, en ce sens que les traqueurs sont considérés comme ne faisant qu'une seule et même personne avec le chasseur qui les emploie, et par suite, si celui-ci a un permis, n'ont pas besoin d'en avoir. Doctrine et jurisprudence uniformes et constantes.

Les Cours et Tribunaux se sont conformés à cette jurisprudence de la Cour de Cassation, en considérant que la traque ou battue n'est pas un moyen de chasse direct et principal, puisque, par elle-même, elle est insuffisante pour en atteindre le but, c'est-à-dire l'appréhension ou la capture du gibier; mais qu'elle est plutôt un procédé accessoire comme celui résultant de l'emploi de chiens d'arrêt ou de chiens courants, le traqueur n'étant que l'auxiliaire du chasseur pour le compte et en compagnie duquel il agit.

Toutefois, cette exception, qui dispense du permis les auxiliaires d'un chasseur muni de permis, ne s'applique qu'autant que le rôle des auxiliaires est purement accessoire, et, en outre, simultané avec l'action principale du chasseur et sous sa surveillance et sa direction. Le droit de chasse manifesté par le permis est personnel, il ne se délègue pas, et si la jurisprudence dispense du permis le traqueur qui aide le chasseur, il n'en dispense pas celui qui, en son absence, s'imaginerait de le remplacer.

Les battues sont souvent nécessaires pour la destruction des animaux nuisibles, et, dans la plupart des départements, les Préfets autorisent, après la fermeture de la chasse, la destruction à l'aide du fusil et des chiens des animaux nuisibles tels que renards, lapins, etc. Ces autorisations obligent celui à qui elles s'appliquent à remplir certaines conditions, telles que déclarations faites à l'avance au maire et à la gendarmerie. Ces conditions doivent être scrupuleusement remplies, et la jurisprudence considère comme non autorisés et, par conséquent, comme chassant en temps prohibé, ceux qui négligent de s'y conformer.

Arrêts.

La traque constitue un acte de chasse. Cependant le traqueur n'a pas besoin d'avoir de permis si le chasseur en a un. Mais c'est au traqueur poursuivi pour faits de chasse à prouver que le chasseur avait un permis ; ce n'est pas au ministère public à prouver que le chasseur était dépourvu de permis.

Cass., 2 janvier 1880.
Sirey, 1880, I. 390.

Le traqueur n'est pas assujetti personnellement à la formalité du permis, lorsqu'il assiste un chasseur qui, lui-même, en est pourvu.

C. de Chambéry, 17 novembre 1881.
Dalloz, 1882, 5, 76.

Commet un délit de chasse sans permis l'individu qui chasse en l'absence du concessionnaire du droit de chasse, pour le compte duquel il prétend opérer en qualité de journalier rétribué.

C. de Chambéry, 3 février 1863.

L'individu autorisé par le préfet à faire, pendant la fermeture de la chasse, une battue par semaine avec fusil et chiens pour la destruction des lapins et des renards, à la condition de prévenir trois jours à l'avance le maire et le lieutenant de gendarmerie, doit, s'il ne remplit pas cette condition, être considéré comme n'étant pas autorisé, et, par suite, comme ayant chassé en temps prohibé.

27 avril 1881. Trib. de Rouen.

TERRAIN CLOS

ENGINS PROHIBÉS

TERRAIN CLOS.

L'article 2 de la loi de 1844 autorise le propriétaire d'un terrain clos attenant à une habitation et entouré d'une clôture continue à chasser ou faire chasser en tout temps sans permis de chasse.

La jurisprudence a maintenu dans les limites étroites où la loi l'a placée cette exception faite en faveur du propriétaire, et elle définit avec rigueur ce qu'elle entend par *terrain clos*, *habitation*, *clôture continue*.

Le terrain clos est celui qui est complètement fermé et dans lequel il n'y a ni brèches ni interruption de clôture.

L'habitation s'entend d'une construction sinon toujours habitée, du moins destinée à l'habitation, en sorte que l'enclos qui l'environne puisse être considéré comme une dépendance de l'habitation. Une simple cabane ou maisonnette dépourvue de mobilier ou des accessoires nécessaires à la vie, ne suffirait pas.

La clôture continue est celle qui empêche toute communication avec les héritages voisins ; les brèches ou une interruption lui enlèveraient le caractère de continuité.

C'est dans ces limites très nettement définies par la loi que la jurisprudence enserre le propriétaire et l'autorise exceptionnellement à chasser en tout temps et sans permis.

Arrêts.

On ne saurait considérer comme une clôture continue des pieux en bois espacés entre eux de plus de trois mètres et traversés par trois fils de fer superposés à trente-trois centimetres l'un de l'autre, à partir du sol; alors surtout que le champ présente une large brèche servant de passage.

C. de Rouen, 22 mars 1880.

La disposition de l'article 2 de la loi de 1844 n'est applicable qu'au terrain clos dans lequel se trouve une construction sinon actuellement habitée, du moins destinée à l'habitation, en sorte que l'enclos qui l'environne puisse être considéré comme une dépendance de l'habitation.

Cas., 20 juillet 1883.

L'individu qui chasse en temps prohibé dans un enclos attenant à une habitation, mais dont le mur a plusieurs brèches, ne saurait être acquitté par le motif que cette circonstance est suffisante pour enlever à la clôture le caractère de continuité.

Cas., 16 novembre 1883.

La disposition de l'article 2 de la loi de 1844 n'est applicable qu'au terrain clos dans lequel se trouve une construction destinée à l'habitation; un terrain sur lequel se trouve une simple cabane ou maisonnette dépourvue de mobilier, ne saurait être considéré comme attenant à une habitation.

Cass., 10 novembre 1883.

TERRAIN CLOS, ENGINS PROHIBÉS.

Cette exception, autorisée par l'article 2 en faveur du propriétaire, est strictement limitée au cas particulier qu'elle énonce, et la jurisprudence paraît n'avoir point voulu l'étendre en autorisant au profit du propriétaire l'emploi des engins prohibés.

La question a cependant été résolue de diverses manières, et sur ce point trois systèmes sont en présence.

Dans un premier système, le propriétaire aurait le droit de faire usage, dans son enclos, de toute espèce d'engin.

Besançon, 18 janvier 1845.
Dijon, 4 avril 1866.

Dans un deuxième système, le propriétaire ne peut chasser dans son enclos qu'avec les engins, moyens ou procédés de chasse ordinaires.

Limoges, 5 mars 1857.
Aix, 2 mars 1876.

Enfin, dans un troisième système, le propriétaire ne peut chasser dans son enclos avec des engins dont la détention est prohibée, indépendamment de tout usage qui en est fait; mais il peut chasser avec des appeaux, appelants ou chanterelles, dont la détention est licite et dont l'emploi seul est interdit pour la chasse ordinaire.

De nombreux arrêts adoptent ce troisième système, et le plus récent de la Cour de Bordeaux, du 5 janvier 1885, donne les motifs de cette jurisprudence.

Il ressort de la combinaison des § 2 et 3 de l'article 12 de la loi du 3 mai 1844, lesquels punissent l'un, la chasse avec engins prohibés, l'autre la simple détention de ces objets, que la chasse avec engin dont la détention est prohibée est interdite aussi bien dans les terrains clos que dans les terrains ouverts; autrement on arriverait à ce résultat étrange et inexplicable qu'on aurait le droit de chasser avec des engins dont la simple détention est délictueuse. Le rapport de M. Frank-Carré sur la loi du 3 mai 1844, dont un passage a pu servir d'argument pour soutenir la thèse contraire, n'a eu en vue que de maintenir l'inviolabilité du domicile, et n'a nullement autorisé le droit de chasse dans un enclos avec engins prohibés. Par cela seul que la détention est délictueuse, l'acte de chasse l'est évidemment; et une interprétation différente serait contraire au texte et à l'esprit de la loi.

La distinction que fait la jurisprudence entre les engins dont la détention, par elle seule, est un délit, et ceux dont la détention est autorisée, mais dont l'emploi est délictueux, tels que appeaux, appelants ou chanterelles, nous paraît bien subtile, et nous nous demandons quelle objection sérieuse ferait à une poursuite pour chasse à l'aide d'engins prohibés un propriétaire surpris et convaincu, même dans un terrain clos, de chasse à l'aide d'engins prohibés. Le mieux pour le propriétaire qui tient au respect de sa propriété est de maintenir dans un excès de rigueur les règles qui protègent le gibier, et de se garder d'offrir aux braconniers l'exemple funeste d'une chasse peu attrayante en somme, et dont la légalité est très discutable.

Pour les engins prohibés dont la détention seule est illégale, l'emploi en est délictueux pour tout propriétaire, qu'il soit ou non dans un terrain clos, et, pour les autres engins dont l'emploi seul est délictueux, bien que la jurisprudence semble en autoriser l'usage au propriétaire d'un terrain clos, nous pensons qu'il est utile à ses intérêts bien entendus de s'abstenir d'en faire usage.

Un arrêt de Cassation, du 20 juillet 1883, rapporté dans Dalloz, 1883, 5e p., p. 59, décide, d'ailleurs, et pose en principe que l'article 2 de la loi du 3 mai 1844, en accordant au propriétaire la faculté de chasser en tout temps et sans permis de chasse, dans ses possessions attenantes à une habitation et entourées d'une clôture continue faisant obstacle à toute communication avec les héritages voisins, ne lui confère pas le droit de chasser à l'aide d'autres moyens que ceux autorisés par l'article 9. Cet arrêt consacre, à notre avis, la doctrine juridique à laquelle il y a lieu de s'arrêter ; il combat et contredit les arrêts de Poitiers et d'Orléans qui soutiennent la doctrine contraire, et il est, en résumé, le dernier mot de la jurisprudence sur cette question délicate et très controversée.

Le fait de profiter du gibier pris à l'aide d'engins prohibés peut quelquefois échapper à la qualification de chasse à l'aide d'engins prohibés ; c'est ainsi que la Cour de Rouen a acquitté un individu qui s'était emparé d'un lapin pris au collet dans une haie servant de clôture au parc du propriétaire, dont il était l'ouvrier. L'ouvrier, dans l'espèce, avait porté à son maître le lapin trouvé par lui, ce qui justifiait sa bonne foi et excluait toute participation à la tente du collet.

Arrêts.

Le propriétaire d'un terrain clos attenant à une habitation ne peut, sans commettre un délit de chasse, chasser dans cet enclos à l'aide d'engins prohibés dont la simple détention serait délictueuse.

C. de Bordeaux, 5 janvier 1885.

Les collets sont des engins de chasse prohibés dont non-seulement l'emploi, mais encore le port à l'extérieur et la détention à domicile sont punissables.

Mais les appeaux ou chanterelles ne rentrent point dans la catégorie des engins de chasse prohibés, dont la détention est interdite en dehors de tout usage.

C. d'Orléans, 11 mai 1869.

Les appeaux, appelants ou chanterelles ne rentrent point dans la catégorie des engins de chasse prohibés, dont la simple détention est interdite indépendamment de tout usage.

Poitiers, 18 février 1869.

Tout mode de chasse est permis dans les propriétés closes dont parle l'article 2 de la loi du 3 mai 1844, sauf celui avec emploi d'engins prohibés.

Mais on ne doit considérer comme ayant ce caractère à l'égard du propriétaire d'un terrain clos que les engins dont la simple détention est défendue, et non ceux dont l'emploi seul est interdit et la détention autorisée, tels que appeaux, appelants et chanterelles.

Cass., 16 juin 1868.

N'est passible d'aucune peine l'individu qui s'empare d'un lapin pris au collet, s'il établit qu'il n'a participé en aucune façon à la tente de cet engin.

C. de Rouen, 5 mai 1883.
D., 1883, 5e p., p. 62.

TEMPS DE NUIT

TEMPS DE NEIGE.

TEMPS DE NUIT, TEMPS DE NEIGE.

La chasse est interdite la nuit et en temps de neige. Quelle signification la jurisprudence a-t-elle attachée à ces expressions? Quand commence la nuit? Quel est le temps de neige pour le chasseur?

Nuit — Une difficulté s'élève pour préciser à quel moment le jour de chasse commence et à quel moment il finit.

Plusieurs systèmes ont été proposés :

1° Les uns pensent qu'on peut tirer argument de l'article 1037 du Code de procédure relatif aux significations, et prendre le temps de nuit, depuis le 1er octobre jusqu'au 31 mars, de six heures du soir à six heures du matin, et depuis le 1er avril jusqu'au 30 septembre, de neuf heures du soir à quatre heures du matin. A l'appui de cette opinion on invoque encore l'article 184 de l'ordonnance des 29 octobre et 29 novembre 1820, portant règlement sur le service de la gendarmerie et qui dispose que le temps de nuit est ainsi réglé : du 1er octobre au 31 mars, depuis six heures du soir jusqu'à six heures du matin ; du 1er avril au

30 septembre, depuis neuf heures du soir jusqu'à quatre heures du matin.

Ce premier système nous paraît inadmissible. L'article 1037 a posé une règle de procédure civile et est inapplicable aux matières criminelles, et les rédacteurs du Code de procédure civile n'ont jamais eu l'intention de définir par cet article, d'une manière générale, ce qu'il faut entendre par le jour et la nuit. Quant à l'ordonnance de 1820, rien n'autorise à l'appliquer en matière de chasse, et il est peu probable que le législateur ait eu en vue de se référer à des prescriptions règlementaires d'un ordre purement militaire ou administratif.

2° Dans un second système, on prend les mots *jour* et *nuit* dans leur sens habituel et général, et on soutient que le jour embrasse le temps qui s'écoule entre le lever et le coucher du soleil, et que la nuit comprend le temps entre son coucher et son lever.

C'est cette interprétation que, lors de la discussion de la loi de 1844 (1), M. Gillon a adoptée devant la Chambre des députés, et cette définition du jour et de la nuit n'ayant pas été contredite, on en a conclu que la Chambre l'avait acceptée et l'avait, par son silence, tacitement ratifiée.

3° Un troisième système, développé par un arrêt de la Cour de Lyon, du 24 janvier 1861, admet que le commencement et la fin de la nuit sont

(1) V. le *Moniteur* du 19 février 1844, p. 353.

marqués seulement par la fin et le commencement du crépuscule astronomique, qui dure tant que le soleil n'est pas descendu à plus de dix-huit degrés au-dessous de l'horizon. C'est là ce que j'appellerai un système mathématique, mais d'une application irréalisable. A moins de ne délivrer les permis de chasse qu'aux élèves de l'école polytechnique dont les connaissances spéciales pourront favoriser l'étude de l'inclinaison du soleil sur l'horizon, il est probable que la grande majorité des chasseurs serait fort embarrassée pour savoir si la chasse est ou non licite.

On fait remarquer, en effet, que le plus souvent il fait nuit le soir avant la fin du crépuscule, et le matin, après son commencement; la théorie astronomique ne pourra donc servir de base à l'appréciation de l'intensité de l'obscurité au moment où l'acte de chasse a été commis; et le système de la Cour de Lyon aurait quelquefois pour effet de rendre licite la chasse nocturne, alors que c'est précisément ce que le législateur a voulu prohiber.

4° Enfin, dans un dernier système, la circonstance de nuit est un point de fait qu'il appartient aux juges d'apprécier.

Telle nous paraît être la solution la plus judicieuse de la question. Les travaux préparatoires de la loi de 1844 semblent appuyer cette opinion. La commission, a dit M. Franck-Carré, rapporteur à la Chambre des Pairs, n'a pas défini la *Nuit*;

elle a cru qu'il fallait, en posant le principe de l'interdiction de la chasse pendant la nuit, laisser les appréciations de fait aux tribunaux. M. Lenoble, rapporteur à la Chambre des Députés, a tenu le même langage. Les rédacteurs de la loi de 1844 se sont donc refusés à définir le jour et la nuit, parce qu'ils ont voulu laisser à cet égard pleine latitude aux tribunaux.

Plusieurs arrêts ont confirmé cette opinion. Paris, 13 octobre 1864, *Droit*, du 14 octobre ; Douai, 19 février 1866 ; Tribunal d'Orange, 19 décembre 1873 ; *J. du Min. pub.*, 1874, nº 1725.

Nous pensons donc qu'à l'égard des délits de chasse, le temps de nuit n'est pas précisément celui où l'on a coutume de se livrer au sommeil, mais celui pendant lequel la clarté fait défaut. Il ne commence pas immédiatement après le coucher du soleil, mais seulement au moment où l'obscurité devient complète, et prend fin non pas au lever du soleil, mais au commencement du crépuscule du matin. La question de savoir si l'obscurité était assez grande pour que l'on fût en temps de nuit, est abandonnée en fait à l'appréciation des tribunaux.

Neige. — La question relative au temps de neige est beaucoup plus facile à résoudre, et la jurisprudence est unanime pour admettre qu'il faut entendre par temps de neige le temps par lequel le sol est recouvert de neige, de manière à permettre de poursuivre utilement le gibier. Quelques empreintes de neige sur la terre ne constituent pas le temps de neige pendant lequel la chasse est prohibée.

Au reste, l'article 9 de la loi de 1844 confère aux préfets le soin de prendre des arrêtés pour interdire la chasse pendant les temps de neige ; et les prohibitions résultant du temps de neige varient, pour les bois et la plaine, suivant les usages de chaque département.

La prohibition de chasser en temps de neige n'emporte pas prohibition de colportage, et une décision du Garde des Sceaux, du 21 janvier 1845, recommande aux Préfets qui défendent la chasse en temps de neige de ne pas prohiber la vente ou l'achat du gibier pendant le même temps.

Arrêts.

Il n'y a pas de chasse en temps de neige, bien qu'il existe de place en place quelques empreintes de neige sur la terre, si le sol n'est pas recouvert de manière à permettre de poursuivre utilement le gibier.

Cour de Rouen, 22 mars 1880.

Quelques empreintes de neige sur la terre ne constituent pas le temps de neige, si le sol n'est pas recouvert de manière à poursuivre utilement le gibier.

C. de Douai, 10 mai 1853.
Dalloz, 1853, 2, 226.

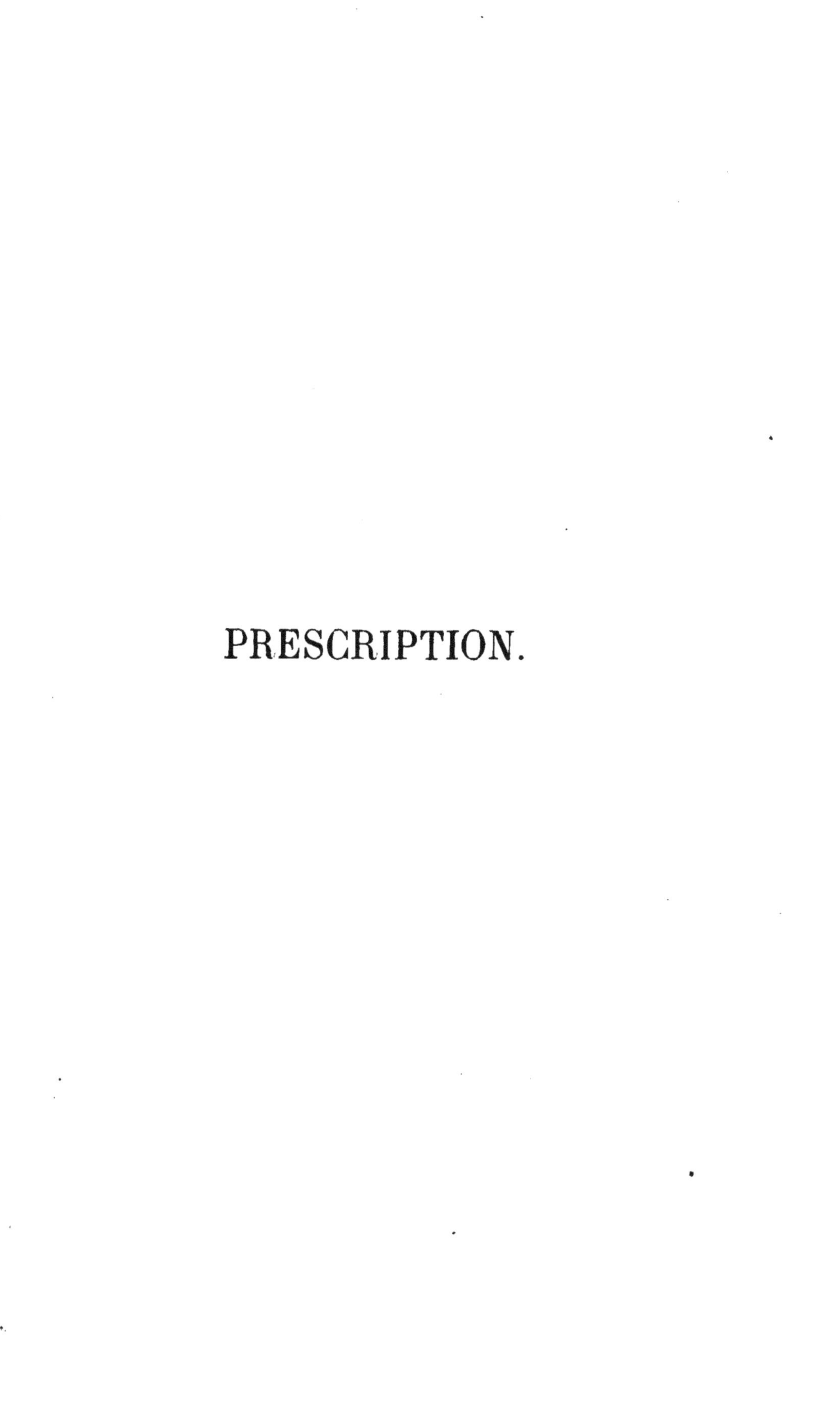

PRESCRIPTION.

PRESCRIPTION.

L'article 29 de la loi de 1844 a édicté, pour toute action relative aux délits de chasse, une prescription de trois mois à compter du jour du délit.

Cette disposition, si claire et si nette, a donné lieu cependant à une difficulté que la jurisprudence a résolue par des distinctions.

L'article 29, en effet, ne dispose que pour le cas où l'action n'a pas été intentée dans le délai prescrit ; mais lorsque, l'action ayant été exercée, la poursuite a été suspendue pendant un temps plus ou moins long, l'article 29 n'indique point la solution à intervenir, et c'est aux principes généraux qu'il faut s'en référer.

Les articles 637 et 638 du Code d'instruction criminelle contiennent deux dispositions distinctes, l'une relative au cas où il n'a été fait aucun acte d'instruction ou de poursuite dans le délai fixé ; l'autre relative au cas où, au contraire, des actes d'instruction ou de poursuite ayant eu lieu dans le délai, l'exercice de l'action a été suspendu pendant un certain temps. La première de ces dispositions fait courir la prescription à compter du jour où le fait délictueux a été commis (art. 637), la seconde la fait courir à compter du dernier acte d'instruction ou de poursuite (art. 638). Ces dispositions sont générales, et elles doivent en toute matière, à moins d'un texte précis qui permette de les écarter, recevoir leur application.

En matière de presse, l'article 65 de la loi du 29 juillet 1881 a édicté également, pour les délits qu'elle réprime, une prescription de trois mois; mais cet article a soin de déterminer le point de départ de la prescription au jour du délit ou du dernier acte de poursuite ; dans la loi de 1844, le législateur ne s'étant pas expliqué sur la portée des actes de poursuite intentés dans les trois mois, c'est au droit commun que le juge doit évidemment s'en référer.

Cette opinion paraît être admise par la jurisprudence ; de nombreux arrêts la consacrent, et on peut la formuler ainsi comme règle de droit en matière de chasse. Lorsque l'action relative à un délit de chasse a été exercée, et que la poursuite a été suspendue pendant un certain temps, l'action se prescrit non plus par le délai de trois mois, mais seulement par le délai de trois ans à compter du dernier acte de poursuite (1).

Néanmoins, on admet que l'action n'est protégée par cette nouvelle prescription qu'autant

(1) V. arrêt de la cour d'Amiens, 2 janvier 1873 ; Sirey, 1873, 2.

qu'elle reste pendante devant le tribunal vis-à-vis duquel a lieu l'acte de poursuite ou d'instruction ; car, une fois qu'il est dessaisi, elle est replacée sous l'influence de la prescription de trois mois qui lui est particulière. Il est conforme aux principes que l'instance conserve l'action, *Actiones semel inclusæ in judicio salvæ manent*. L. 139, *D. de reg. jur.*, mais qu'une fois l'instance éteinte, la prescription recommence à courir avec les délais spéciaux qui lui sont impartis.

Arrêts.

Au cas où la prescription d'un mois ou de trois mois édictée en matière de délits de pêche ou de chasse a été interrompue par une citation au prévenu, si l'affaire reste toujours pendante devant le tribunal, ce n'est pas la prescription spéciale qui recommence à courir, mais la prescription de trois ans établie par le Code d'instruction criminelle.

La prescription spéciale ne recommencerait à courir, en pareil cas, que si le tribunal avait été dessaisi.

Amiens, 2 janvier 1873.
Sirey, 1873, 2, 1.

Lorsqu'un délit de chasse a été l'objet d'une instruction ou d'une poursuite, l'action publique se prescrit par le délai de trois ans et non de trois mois, à partir du dernier acte d'instruction ou de poursuite.

Cass., 13 avril 1883.
Dalloz, 1883, 5e p. 65.

Lorsque l'action relative à un délit de chasse a été exercée dans les trois mois du jour du délit, conformément à l'article 29 de la loi du 3 mai 1844, elle n'est plus prescriptible que par trois ans, conformément aux articles 637 et 638, Code d'instruction criminelle.

Cour de Paris, 23 juillet 1884.
Sirey, 1884, 2e p., p. 179.

SOMMAIRE

DES TEXTES JURIDIQUES

INVOQUÉS DANS CET OUVRAGE

SOMMAIRE DES TEXTES JURIDIQUES

INVOQUÉS DANS CET OUVRAGE.

TABLE DES MATIÈRES

TABLE DES MATIÈRES.

Châlons, imp. Martin frères.

www.ingramcontent.com/pod-product-compliance
Ingram Content Group UK Ltd.
Pitfield, Milton Keynes, MK11 3LW, UK
UKHW012044240726
13965UKWH00003B/1022

9 782013 055475